Great CALIFORNIA
Road Trip
PUZZLE BOOK

USA GRAB A PENCIL PRESS

Applewood Books
an imprint of Arcadia Publishing

ISBN: 978-1-945187-68-1

The word search puzzles in this book were created with
TheTeachersCorner.net Word Search Maker. The Teacher's Corner,
in Castle Rock, Colorado, began in 1996 to provide free teaching
resources on the internet for teachers and parents. It was originally
created, and is still run today, by Jennifer and Chad Jensen.

The crossword puzzles in this book were created
with CrosswordHobbyist.com Puzzle Maker.
Riddles are courtesy of Riddles.com.

Published by
GRAB A PENCIL PRESS
Applewood Books
an imprint of Arcadia Publishing

Manufactured in the United States of America

★ HOW TO USE THIS BOOK ★

The puzzles in this book were designed to enhance a real road trip or help armchair travelers hit the virtual roads of the great state of California—NorCal and SoCal.

The order of the puzzles follows north to south, then back up to southeastern California. Start wherever you like and discover the sites, history, nature, sports, and thrills of the entirety of the Golden State. As a bonus, we've included other interesting general travel-related puzzles to entertain you between the stops.

Whether you are in your car or on your couch, you are sure to discover unique, curious, and inspiring places through the puzzles in this book.

Happy travels!

Welcome to California

Across

2 Known as the "Avocado Capital"

5 National park known for its heat and low elevation

7 World's largest tree by volume

8 Location of the California State Railroad Museum

9 Tallest mountain in the contiguous United States

10 California state motto

Down

1 California's namesake

3 Largest county in the United States by area.

4 Military aviation museum in Atwater

6 Popular theme park known for its giant castle

Avenue of the Giants

```
O F T B H C G N I T F A R K C
K R L I F N S V Y V G B U L G
Y W D H T F F D E Y V C E T W
B A V M O A O I N N A U D B O
W S T K K O N U J M N L I O B
T T Y G W O M S P T O K C K G
D S X D I D J G Q B E D Z V R
G E E B S L R Z M L R E N L O
N R I A Y O T U L I T F J Z V
I O T M U M H I V U N Z V K E
P F V N J Q V E I S E S U H S
M E D K D R A Y E N I V J P X
A S C Z E V V K T V C D C Y V
C G F Y M O E G C E N E O O B
H P D O K S K D R Y A D C M T
```

ANCIENT	CAMPGROUNDS	CAMPING
DRIVE	DYERVILLE	FORESTS
GROVES	HUMBOLDT	RAFTING
REDWOOD	TITANS	VINEYARD

Chandelier Drive-Thru

```
H F N W U T E B L D E I K S L
G Q A E N Q P Z N O T S K D R
K U T M K Z R F F O T L I O S
T H L M I L I O R W E I E O H
U C L T E B V L E D G A D W A
N R A E S C A J N E G T N R L
N E M N N T S J R E E O E L
E V P O R Q E P I L L S P D O
L O O Y E O L B O A A R K N W
T R O A F D Y F J T U O C U R
R G N W D L O N Q S O H U N O
E A O H R B W Z G A G Z D I O
E Q T G O Q N B I O K C W Y T
V H W I W Z E Y I C K R V X S
X F O H S K D X V S C C J D S
```

COASTAL REDWOOD	DUCK POND	GROVE
HIGHWAY ONE	HORSETAILS	LEGGETT
NATL LAMPOON	PRIVATELY OWNED	SHALLOW ROOTS
SWORD FERNS	TUNNEL TREE	UNDERWOODS

The Glass Beach

```
X H D B O T T L E S S M H E J
Q F M M U E S U M S A A K Q J
L J Q D K N J J A J W C Q P L
D E F C U H V L H A R K Z E S
E R A Z Y M G B V K Q E C N C
P C L V A A P E O M R R I P N
O U X A E B S S N L F R O G Z
T T D S A T D V I T E I K G A
T X W G S Z H V Z T H C L A B
E D G P U N A E L C E H Z R Y
R B X S D J U Q G Z V E Q B R
Y Q A F Y I U Y R L G R N T Q
R M E R M A I D T E A R S R I
W M E L N O I S O R E S E O M
J I X H Y A T N W Z D U S F Q
```

BOTTLES	CLEANUP	DUMP SITE
EROSION	FORT BRAGG	LEAVE THE GLASS
MACKERRICHER	MERMAID TEARS	MUSEUM
POTTERY	SEA GLASS	WAVES

Skunk Train

```
P  X  E  R  U  T  N  E  V  D  A  R  N  E  C
C  D  S  R  J  T  Q  S  U  F  E  R  O  C  U
S  Y  U  H  O  M  E  I  B  D  U  T  I  S  O
E  C  O  I  T  U  W  J  W  T  L  T  T  Y  H
K  S  H  T  O  W  T  O  E  T  J  Z  A  W  J
I  I  D  U  U  I  O  E  P  G  R  E  T  E  I
B  B  N  N  K  D  R  R  K  D  H  S  R  X  S
L  V  U  N  S  T  D  N  G  T  O  Y  O  N  S
I  J  O  E  F  P  Q  F  W  D  O  R  P  A  E
A  M  R  L  I  N  J  Q  C  A  L  V  S  D  R
R  J  O  D  Z  V  P  S  O  D  N  O  N  Q  P
X  W  R  Q  L  Y  L  N  F  O  D  P  A  C  X
H  T  R  E  S  T  L  E  V  S  T  D  R  D  E
G  N  R  I  K  A  U  A  K  X  B  X  T  U  E
O  O  G  N  K  E  C  H  R  E  T  M  M  H  W
```

ADVENTURE	EXPRESS	NOYO
OLD-GROWTH	RAILBIKES	REDWOODS
ROUNDHOUSE	ROUTE	TRANSPORTATION
TRESTLE	TUNNEL	WOLF TREE TURN

Pygmy Forest

```
M Q O I A S N O B R J N O G D
B L B Q N M P J T S J C R E W
Y S C M F S M U H G T Q T H D
U L Y W E S E F X L J N P Z J
Q I G S P N X M F G U R A I D
Z T O Q U B D S X T I O U L V
C T L D G E C O S Y S T E M P
K L O B H H N B C E P E U M F
J E C R U X Y X R I M U S L A
P R E I W E U A B M N E H G D
A I D D E V R G A P C O B R W
J V O G D V J D M I C B D I J
B E Y E C J N F L O R A A W E
I R W K L A W D R A O B A W Y
M F M N V P A M P B K D H U O
```

BOARDWALK	BONSAI	BRIDGE
ECOLOGY	ECOSYSTEM	FLORA
LITTLE RIVER	MENDOCINO	PLANTS
RARE	STUNTED	VAN DAMME

California Indian Museum and Cultural Center

```
Y G D L D T V T Z D W D O Q Q
P R N J B I K E N O L H O D E
S O E I I M E V R E S N O C N
E E A P V I R X Y F P Y I C Q
H C B N A A M B M T K S W D J
J U H I I T E D S N M S N I Z
H X I O R R R W W A K V R U M
X J R C C T U I N C I C Y E A
Y N D J H H F P A N Q W D U H
B X I K X I E I Y T P T D T X
C I D M G B N N P O E M J B B
D I T R A P V Y Y B T Z F G D
A M K E W U M D E O G Y I Y Y
O B S U O N E G I D N I M B F
U T H U I C M U S E Q O W G M
```

CHOCHENYO	CONSERVE	HUICHIN
HUICMUSE	INDIGENOUS	MUWEKMA
NAMSI	OHLONE	REPATRIATE
TOYPURINA	TRIBES	WEAVING

Tomales Bay Bioluminescence

```
E  K  R  F  I  U  U  H  E  O  L  Y  Z  A  B
L  K  L  Q  Z  T  Y  S  O  F  H  L  T  I  Y
C  B  A  O  L  T  L  F  H  N  H  H  O  F  R
A  H  M  Y  S  Y  N  C  T  U  G  L  Z  Y  V
T  E  A  N  A  M  L  R  N  I  U  Q  R  T  I
C  K  M  W  O  K  O  U  N  M  M  Y  I  F  G
E  K  A  G  Z  M  I  O  I  A  Y  K  U  F  N
P  O  J  E  P  S  O  N  R  P  O  W  K  D  I
S  P  J  O  O  B  E  I  G  H  O  T  S  Z  W
F  H  G  Z  P  S  N  K  H  N  S  K  D  G  O
I  S  Z  Z  C  E  E  W  D  N  G  U  U  S  L
C  S  H  E  L  L  B  E  A  C  H  K  M  G  G
E  H  N  I  Z  C  R  E  T  A  W  Z  M  B  W
P  C  F  M  Q  I  G  X  X  S  F  R  P  L  W
E  E  K  B  I  S  H  O  P  P  I  N  E  G  Q
```

BIOLUMINESCENCE	BISHOP PINE	GLOWING
JEPSON	KAYAKING	MARINE LIFE
MUSHROOMS	NIGHT	SHELL BEACH
SPECTACLE	WATER	WONDER

Jack London
State Historic Park

```
R  F  B  S  L  L  A  W  Y  P  P  A  H  C  E
W  Q  L  V  Z  O  P  X  M  C  T  I  M  X  R
U  A  W  W  O  L  F  H  O  U  S  E  Z  Z  V
U  S  T  N  S  T  O  N  E  D  A  M  Y  C  Q
V  Z  Q  C  B  E  A  U  T  Y  R  A  N  C  H
O  S  R  E  T  I  R  W  G  N  U  O  Y  G  E
P  G  Y  F  Y  R  T  N  U  O  C  K  C  A  B
U  T  V  S  S  X  K  C  L  S  C  M  N  S  S
V  G  U  N  W  U  B  I  X  N  F  F  O  G  T
N  U  F  C  U  V  O  B  X  N  N  U  H  G  U
W  A  I  N  I  A  M  R  A  H  C  R  J  E  G
Q  K  R  M  Z  N  T  M  A  M  O  N  O  S  S
X  A  E  Z  F  I  S  T  E  I  N  W  A  Y  L
O  W  X  U  J  G  N  E  L  L  E  N  E  L  G
K  R  A  N  S  E  H  T  T  Q  F  P  S  M  X
```

BACKCOUNTRY	BEAUTY RANCH	CHARMAIN
FIRE	GLEN ELLEN	HAPPY WALLS
SONOMA MTN	STEINWAY	STONE DAM
THE SNARK	WOLF HOUSE	YOUNG WRITERS

California Beaches

True or false?

1. Huntington Beach is commonly referred to as "The Surfing Capital of the World."

   ☐ True
   ☐ False

2. Malibu is home to a famous pier known for its historic significance, among other attractions.

   ☐ True
   ☐ False

3. California's coastline features numerous sandy beaches alongside rocky areas.

   ☐ True
   ☐ False

4. While Santa Monica Beach does have an iconic pier, it's not the only beach in California with amusement park rides adjacent to the shore. Santa Cruz Beach Boardwalk is another notable example.

   ☐ True
   ☐ False

5. California indeed boasts over 800 miles of coastline.

   ☐ True
   ☐ False

6. Pismo Beach hosts an annual clam chowder festival, attracting visitors from far and wide.

   ☐ True
   ☐ False

7. Venice Beach is indeed famous for its Muscle Beach outdoor gym and bustling boardwalk.

   ☐ True
   ☐ False

8. La Jolla Cove is known for its calm waters, making it an excellent spot for snorkeling and swimming.

   ☐ True
   ☐ False

9. California beaches can experience cold water currents, leading to varying ocean temperatures throughout the year.

   ☐ True
   ☐ False

10. Big Sur is renowned for its rugged coastline and natural beauty rather than a bustling beachfront nightlife.

    ☐ True
    ☐ False

Napa Valley Wine Train

```
W  D  Y  F  R  V  M  A  D  N  L  A  R  R  U
E  A  A  S  U  O  W  I  N  E  T  R  A  I  N
M  A  G  U  M  B  O  R  G  R  A  P  Q  L  T
H  B  O  Y  F  X  K  A  U  W  F  U  Y  L  T
C  P  U  B  I  D  T  T  Q  G  Y  N  D  O  A
I  W  R  W  Y  N  H  S  Z  E  A  K  C  V  R
G  C  M  B  I  E  G  D  J  M  M  C  M  E  Q
R  N  E  V  R  S  L  Q  L  E  O  V  D  L  H
G  K  T  F  Q  E  L  L  I  V  T  N  U  O  Y
X  H  O  Q  G  U  U  N  A  N  Z  B  I  C  E
X  R  Z  H  U  P  Z  J  C  V  P  F  T  K  J
D  M  A  H  O  G  A  N  Y  K  A  O  Z  V  A
C  Q  Q  S  D  D  I  N  I  N  G  P  H  Y  R
G  E  T  D  A  H  I  S  X  V  H  O  A  J  E
R  Z  E  L  L  I  V  K  A  O  G  H  Y  N  W
```

DINING	GOURMET	GRGICH
LOVE LOCK	MAHOGANY	NAPA VALLEY
OAKVILLE	PULLMAN	RUTHERFORD
VINTAGE	WINE TRAIN	YOUNTVILLE

Vintage California

Match the wine to its most famous California vineyard.

1. Cabernet Sauvignon

2. Chardonnay

3. Pinot Noir

4. Zinfandel

5. Sauvignon Blanc

6. Viognier

7. Syrah

8. Riesling

9. Grenache Blanc

10. Petite Sirah

11. Viognier

12. Cabernet Franc

A. *CAKEBREAD CELLARS*

B. *SANFORD WINERY & VINEYARDS*

C. *TREFETHEN FAMILY VINEYARDS*

D. *TABLAS CREEK VINEYARD*

E. *RIDGE VINEYARDS*

F. *STAGS' LEAP WINERY*

G. *ROBERT MODAVI WINERY*

H. *SAXUM VINEYARDS*

I. *ALBAN VINEYARDS*

J. *CHATEAU MONTELENA*

K. *PEJU PROVINCE WINERY*

L. *DUCKHORN VINEYARDS*

Six Flags
Discovery Kingdom

```
V U K C M A R I N E W O R L D
D N Y L U F Z D L J G A S R L
I W W G O N I I A E F S K W N
A L F O N X W K X R B S Y C C
I D I V T A I Z I R E T S D Q
R E V V T S R C D Q H A C F D
E B A U N H A E B J S M R S Y
P C L J W U E M M V T O E P D
M O L F S U O A O O G C A T V
A B E A A A P M R H O P M A X
Z R J Z Q S P S O K T B E S B
Q A O C I U B P W U A W R M J
A C Z R G D P Q B T V M L T M
R L X N C E G Z T H D V P G N
T M U D R M K O C Z K O N G Q
```

AFRICA USA	BOOMERANG	COBRA
FROG HOPPER	KONG	MARINE WORLD
MEDUSA	SKYSCREAMER	THE ARK
THOMAS TOWN	VALLEJO	ZAMPERIA

California State Railroad Museum

```
P  W  D  A  O  R  L  I  A  R  F  N  M  C  S
L  O  C  O  M  O  T  I  V  E  S  T  Y  O  Y
T  P  T  A  H  A  D  U  J  A  N  N  A  S  W
R  J  G  N  M  O  H  C  F  O  O  S  O  M  F
A  A  E  W  E  Y  Q  M  I  I  A  U  R  W  Q
I  Y  I  F  E  H  U  S  T  C  L  D  E  Q  O
N  J  V  L  H  S  R  A  R  O  N  F  L  H  J
S  K  Z  O  W  U  R  A  N  L  W  E  G  B  M
P  M  K  G  C  O  M  T  P  F  S  Q  W  S  E
M  X  U  X  T  E  R  L  K  E  I  U  I  T  M
C  K  E  S  N  A  Z  K  I  O  S  Y  F  E  L
M  E  E  T  C  V  M  D  E  T  O  Y  I  A  G
X  R  O  K  A  Z  O  M  O  R  X  I  P  M  R
H  T  K  P  V  O  J  R  L  S  S  J  F  P  O
U  P  E  C  K  W  Y  X  J  D  F  T  S  Z  O
```

ANNA JUDAH	DIESEL	EXCURSION
LOCOMOTIVES	ONTRACK	RAILROAD
RAILWORKERS	RESTORATION	SACRAMENTO
STEAM	STORY	TRAINS

Sutter's Fort
State Historic Park

```
L L A H S R A M S E M A J Y X
A D O B E C O M P O U N D E O
O I Y O G C N Q G J G X N L Q
T Z T R D O W S K A O W G L T
N D U E O L L I X E Q R K A S
E X O N V T L D S N V E B V U
M U V N A L S I R I B L J L B
A A N N N N E I M U S D N A R
R V I N Z E E H H W S G K R O
C M Q K W W R S W G A H W T T
A A F E X P C P I E N S X N R
S P E H N A J F A N N I A E O
G C V N W K Y T U R C W V C F
Q S Q O J C L L W Z T I V I B
T R A D E S T O R E B Y K O L
```

ADOBE COMPOUND	CENTRAL VALLEY	DONNER PARTY
FORT OR BUST	GOLD RUSH	JAMES MARSHALL
LIVING HISTORY	NEW HELVETIA	NISENAN
SACRAMENTO	SAWMILL	TRADE STORE

John Muir
National Historic Site

```
Y  Q  I  B  H  C  Z  R  Z  R  G  R  E  Q  A
I  T  S  I  L  A  R  U  T  A  N  T  T  M  T
F  F  D  K  X  U  S  T  C  U  G  A  A  W  S
U  F  W  H  N  H  P  B  T  K  H  J  N  R  O
S  S  B  Y  S  T  T  H  Y  L  R  J  A  U  C
H  S  C  R  I  B  B  L  E  D  E  N  I  I  A
C  M  K  S  T  E  N  T  Z  E  L  N  L  K  R
N  E  B  O  D  A  Z  E  N  I  T  R  A  M  T
A  E  E  T  I  S  E  V  A  R  G  X  T  Q  N
R  G  V  S  L  O  A  W  B  R  P  C  I  R  O
T  N  A  T  I  O  N  A  L  P  A  R  K  S  C
I  U  P  T  N  A  I  R  O  T  C  I  V  W  O
U  M  J  M  T  W  A  N  D  A  J  W  A  R  K
R  S  I  E  R  R  A  C  L  U  B  P  R  E  S
F  D  C  P  Z  V  H  J  M  H  O  P  Y  Z  B
```

CONTRA COSTA	FRUIT RANCH	GRAVE SITE
ITALIANATE	MARTINEZ ADOBE	MT WANDA
NATIONAL PARKS	NATURALIST	SCRIBBLE DEN
SIERRA CLUB PRES	STENTZEL	VICTORIAN

Eugene O'Neill National Historic Site

```
I H L R N S E K E T B S U T C
S V U R N H C R E Y F L U I E
I B A S O C S R E Z T I L U P
X B T U B E R C U L O S I S S
T G S I E S U O H O A T Y G T
Y S K B L F J N I O J Q N H E
P Q S V P K P U Y Z C I G E Z
L F A J R A H S E A L I L A J
A Q M E I U J O R I R L X I Y
Y S H Z Z D N L E W I A N N J
S D O U E U O C Y V O J J Y T
Y A N A Q T E A N P R L F O A
F P T T T U L A E M Y B U F M
D W D A L P D U I F R R H T F
I F U B S X U J I V S R E Z U
```

BARN	BLUE CEILINGS	CARLOTTA
DANVILLE	NOBEL PRIZE	NOH MASKS
PLAYWRIGHT	PULITZERS	SIXTY PLAYS
TAO HOUSE	TOURS	TUBERCULOSIS

Oakland Museum of California

```
T H I E X U M C H J L N O N H
Q P Q U I R K A S Y N A N G Y
L B H C T S B A N I J T N Q D
U H N O B I M N N J O I P H B
I Z Q R T A X E L U R O A D S
D G M A R B P C L E X N C O N
M A T O F N M I H A T A K S T
J R I N M T X T Y D F L R T S
R D D Y P C A S B F G M A C B
B E E W S G A U Q M A E M P A
O N P E L K K J Y O I D N M Y
K T F L A I C O S G F A J V A
L E V T R T J D B V V L N K R
T I N Q U I R Y A N K R K P E
P B I G I D E A S A L B L V A
```

BAY AREA	BIG IDEAS	DIORAMAS
GARDEN	GATHERING	HABITAT
INQUIRY	JOY	JUSTICE
NATIONAL MEDAL	OMCA	SOCIAL

San Francisco Curiosities

```
C E S J R I R H F H R I S A O
A U K E M D I M R X M W E S X
M Q O B W Z A V A U C N W E J
E I O Y V G F G H E Z Q A I M
R N B W G O T O W L O E R D S
A A E L N L S I S Q P Z D A S
O C L X A D O D N L R A S L E
B E P Y G E R I A I C M L D A
S M P L R N T S M Y Q R I E L
C E A P O G S E R P X O D T I
U E N X E A A R E E A R E N O
R S E M V T C P H H P R S I N
A U E U A E W T S X X I A A S
E M R Z W L B B I F H M X P G
X I G L V M C O F R B R Y F F
```

CAMERA OBSCURA	CASTRO ST FAIR	FISHERMAN'S WHARF
GOLDEN GATE	GREEN APPLE BOOKS	MIRROR MAZE
MUSEE MECANIQUE	PAINTED LADIES	PRESIDIO
SEA LIONS	SEWARD SLIDES	WAVE ORGAN

San Francisco Food

```
C D S A L T E D C A R A M E L L
L U E M Z X H E C S F X C C L
A T D M E Z R W A Q H D E U V
M C B A R C S S E N E G N U D
C H V A Y I H I I A B V V O Q
H C E K L F X G W V Q T U H D
O R K W E K A C E S E E H C E
W U D I M S U M Q Z J Q H D K
D N O I L L E D R A R I H G Y
E C C H G W X N V M X E R M O
R H P R I M E R I B N D B I H
N O N I P P O I C P L W T O L
Y E Y Q G E S O U R D O U G H
M I S S I O N B U R R I T O A
U F C C D R A T S U C G G E X
```

CHEESECAKE	CIOPPINO	CLAM CHOWDER
DIM SUM	DUNGENESS CRAB	DUTCH CRUNCH
EGG CUSTARD	GHIRARDELLI	MISSION BURRITO
PRIME RIB	SALTED CARAMEL	SOURDOUGH

San Francisco Legends

Unscramble the names of these legends of San Francisco.

1. Despite having no actual authority, he became a beloved and eccentric figure in San Francisco, issuing his own currency and proclamations.

REROPEM RNNOOT

2. She achieved fame both nationally and internationally for her performances on stage and later became known for her philanthropy.

TATOL BEERTRAC

3. Often considered the mother of modern dance, her unconventional and expressive style broke away from traditional ballet, inspiring generations of dancers.

ADSOIRA CANNUD

4. The "Robin Hood of the West." He was a symbol of resistance for some and a notorious criminal for others.

JQUINOA TRARIEUM

5. A prolific writer and adventurer, his work often drew inspiration from his experiences in the Klondike Gold Rush and his observations of the natural world.

KCJA NLDNOO

6. He served on the San Francisco Board of Supervisors until his assassination in 1978, becoming a martyr for gay rights.

RVHYAE KLIM

7. This singer rose to fame in the 1960s, becoming known for a powerful and soulful voice.

NAISJ LNIPOJ

San Francisco History

```
K W D Z J H T Z G R T K S C Y
T L Z G V L J A N C C J W A Z
R F B P E G O K I S I K I B A
L D D K A V D W D U R M E L H
K K O D R T P D L M T E P E C
L Y Z O T H Y E I M S B K C O
I O A T H Y X L U E I I N A N
M R R C Q H L P B R D W O R X
Y S T O U S U R Y O O U S S S
E O A M A U E E R F R B A H N
V M C B K R N S R L T H M U D
R W L O E D O I E O S L T C C
A V A O N L L D F V A D R H D
H L S M O O H I D E C P O Z G
T X Z N L G O O U G M D F F R
```

ALCATRAZ	CABLE CARS	CASTRO DISTRICT
DOT COM BOOM	EARTHQUAKE	EL PRESIDIO
FERRY BUILDING	FORT MASON	GOLD RUSH
HARVEY MILK	OHLONE	SUMMER OF LOVE

San Francisco Museums and Arts

```
K E P J R Z Z A J F S R X R M
D R R A C E L B A C I O S J H
Y P U L Z W M J Z E J N C C B
O C B G P R U S F Z O O X A A
S M F Z N O I O D I O H O L S
Q F I W N U R P C F Q F X A I
S A I M P Z O T P A F O I C A
Q F C L E Y T Y N F N C A N
T H M K L T A F E E G O D D A
V W R O J M R P W D N I Z E R
S X Q Y M V O O C H P G B M T
X K V K J A L R U G E E A Y W
D D U R B U P R E P M L T E X
L M Y L D I X R S T E W C X V
L A T H N Z E H D J D P P I P
```

ASIAN ART	CABLE CAR	CAL. ACADEMY
CJM	DE YOUNG	EXPLORATORIUM
FILLMORE	LEGION OF HONOR	MIME TROUPE
SF JAZZ	SF MOMA	SF ZOO

San Francisco Sports

```
O F M O P X H T B G N B H G S
R H I L Z O C K U I E A C G N
E A Y Y O I D V L O I Y N N O
G R U M S B F L C R Y T T I L
A D W P J O J Z T A T O R K H
T I S I L U V P H C W B X A T
T N T C Y V Q R C L B R F Y A
A G N C Q N G Z A E F E Q A I
S P A L U O N F Y P P A W K R
C A I U L R Z G F A Y K B N T
Z R G B A X K L S R Q E L F I
N K R A P T T A A K L R S D M
O F O R T Y N I N E R S U C G
M U I D A T S S I V E L E U M
O T I X R F F Y E P N T F S Q
```

ATT PARK	BAY TO BREAKERS	FORTY NINERS
GIANTS	HARDING PARK	KAYAKING
LEVIS STADIUM	OLYMPIC CLUB	ORACLE PARK
REGATTAS	SF YACHT CLUB	TRIATHLONS

Balmy Alley Murals

```
E G V L K S I V C A M S K U M
O G E N T R I F I C A T I O N
Q T R A L A R U M A Q H X H J
P D H P H X B X L J M G A M U
S A H W I L R C U Q C I U M M
X E B Q X W S V A O N R I S B
Y G Y U T P N O L K U N J R A
L O L E S J I O U T R A G E L
D E O F A E R T G R C M I J M
R U M S L T S K I B A U T Q Y
S E I T H G I E R F C H C L A
I P P W G Z G C V B F X E T L
P F W Y V Z V X E F B A A L L
F I V K W B A R T R E T R G E
H T E E R T S Z F D P X P G Y
```

ABUSES	BALMY ALLEY	BART
COLOR	EIGHTIES	GENTRIFICATION
GRAFFITI	HUMAN RIGHTS	MURAL ART
OUTRAGE	PRECITA EYES	STREET

29

San Francisco de Asís Mission

```
X  Y  G  B  R  Q  B  N  H  W  L  M  H  Z  F
O  T  N  E  V  N  O  C  H  R  I  C  J  R  Z
R  W  I  B  J  S  X  H  L  Z  R  E  Q  E  Y
F  W  Z  S  T  X  O  X  D  U  K  D  U  B  J
Z  A  I  D  T  C  A  U  H  A  J  W  I  P  B
W  D  L  C  M  F  L  C  U  L  A  D  H  M  D
I  U  E  Y  Q  U  R  Q  U  B  S  C  S  H  L
Q  D  G  C  D  V  H  A  A  U  A  U  U  K  O
S  U  N  M  R  T  Y  S  N  X  O  C  T  E  G
E  T  A  Q  R  D  I  J  T  C  Y  L  Y  I  E
R  B  V  A  Y  L  Q  E  V  P  I  J  A  A  C
O  V  E  R  I  B  B  J  K  K  X  S  M  P  C
L  B  F  C  O  D  K  Y  C  A  Y  S  A  F  S
O  T  A  F  F  N  O  I  G  I  L  E  R  S  L
D  O  B  X  J  P  N  L  T  H  T  B  Q  W  Q
```

BASILICA	CHURCH	CONVENTO
DOLORES	EARTHQUAKE	EVANGELIZING
GOLD	LAKE	PALOU
RAMAYTUSH	RELIGION	ST. FRANCIS

Asian Art Museum

```
B O F D Y C C H G Y K Q T U N
Z X L B N S I N X C W H R P X
G E S O C A A W E B N A R A L
A O V D I Y I P Y C J N C V L
K G S H X S J W J N A B I I E
W E V I E J U A O Z J K V L K
O B U S Y K T O D A C Y I I H
F I K A Z A M A Y E G C C O U
O O G T J E D B R W Y N C N N
Y A N T R A S A S T P D E Q H
Z N V V A I M W A P F N N Y S
N V E A H I V X A P H S T N I
E S T W C Z L P D B V S E M V
Z F D S F O T A P D Y E R U F
B B W R D V J E G A D N U R B
```

BODHISATTVA	BRUNDAGE	CERAMICS
CIVIC CENTER	JADE	MOON JAR
PAVILION	VISHNU	YAMAZAKI
YANG	YANTRASAST	ZEN

Museum of the African Diaspora

```
Y J Y A T R A K C A L B T H Y
G C U L L K D H O N O H S T F
O Y P S A V D W W Z R G I H D
E C O T I J Z I E I J T J K L
N T J R E B D U V M N D X A A
F A I E P V F E F E O I D V U
S I T G B Z H K D A R A U C I
P R G I E C X I I N K S D P W
B R O S L Q Q S L N R P I O H
A Y M B B O M L V I R O L T P
T D G D H N P N S M X R O D Y
E I B A D G U O F F I A M V V
S V Z L I G I M R C I Z N C C
C R E M B E N E Q F T I R R O
U B R Q X A W B N L A M H H C
```

AFROPOLITAN	BATES	BLACK ART
DIASPORA	DIVERSITY	IDENTITY
MINNA	MOAD	NEIGHBORS
REMBE	ST. REGIS	THRIVE

Golden Gate Area

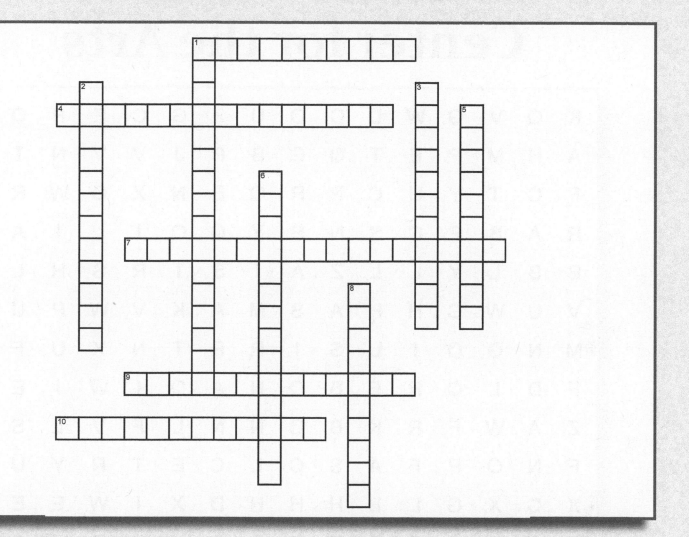

Across

1 Location of Jessie Benton Fremont's abolitionist salon in 1860

4 Cold War museum located in the Marin Headlands

7 Visitors can see migrating whales at ____ during the winter.

9 African American who was imprisoned at Alcatraz for openly opposing WWI

10 Golden Gate National Recreation Area's only beach with active lifeguards

Down

1 GGNRA is a designated ____ to protect its biodiversity and ecological systems.

2 Mohawk Indian activist who led the occupation of Alcatraz to fight for the island's deed

3 The GGNRA is home to 44 species of __.

5 Oceanfront resort established in 1863 that overlooks Seal Rocks

6 Previously a penitentiary, military reservation, and site of Red Power movement protest

8 Saltwater and freshwater pools with a public bathhouse made in 1894

Yerba Buena Center for the Arts

```
K Q V G W L C O U Z G C E P Q
A H M P E T Q G B P J V V N T
F C T Y U C P R O B N X O W R
R A B F C S N S Y O O I L I A
B B L Y L L Z A I S T R S H L
V U W C H H A S M A K V W P U
M N G O I U S I R R T N X U F
F D L Q R E B O N A O I W I E
Z A W F R K B O N N L F V L S
F N O P F A S C L C E T R Y U
X C X G L B H H H D X I W E E
H E I L C O N Q O R N Z R F P
R J O S R Z W F S P W E H T C
R C V P R O G R E S S Q S S H
G N P K B C L L T F Q A K S G
```

ABUNDANCE	ANCHOR	BOLDNESS
COLLABORATION	EXPRESSION	HUB
PERFORMANCE	PROGRESS	TRIENNIAL
USEFUL ART	WORKSHOPS	YBCA

San Francisco Chinatown

```
F F C P M J G H O C N Q F T N
T I S U J B H X H F K G J U T
N R I O I G A O Z O D I A C M
P E X I F S P D S Y Q I P A O
Q C Q G P S I B E T W M S V I
J R W I T M O N J S E G H H S
H A F I H Z B L E N N K G Y K
L C C L O O T D D O X F R O M
E K A C N O O M E E O K Q A D
S E G B A H F H L U S X V C M
Y R I Q N R C I U X C T Q R Q
Y S P V I B R A N T O V P H N
O X L B I X V M U S M I D K V
R O N L O N P H I V L D Y D Z
B L R H E R B A L T E A V X V
```

CHEONGSAM	CHOPSTICKS	CUISINE
DIM SUM	FIRECRACKERS	HERBAL TEA
MARKETS	MOONCAKE	OLDEST
QIPAO	VIBRANT	ZODIAC

Alcatraz Island

```
S Z T A J E S C F C R T C W G
O I E S U O H T H G I L H K O
C S N A T I O N A L P A R K L
K J B C J P B G K F S A S L D
T U U F A I P T O K L E M W E
N V G G P R I X F I C P U L N
V W N D A L C T C E O A P B G
Q J P K A T E E B A Q C W X A
H J G F O U P D R I Z S Q C T
Z J I D N A S I A A R E J W E
N O T O R I O U S T T D P L U
Q Q W K Q K O L A B I I M V W
D U S I M M O N S Z R C O A A
D Y R A I T N E T I N E P N N
G J R E W O P D E R K R N V F
```

ALICE PARK	BIRDMAN	CITADEL
ESCAPE	GOLDEN GATE	INCARCERATION
LIGHTHOUSE	NATIONAL PARK	NOTORIOUS
PENITENTIARY	RED POWER	SIMMONS

Check Your Math

Solve the math word problems.

1. Ramona is traveling 60 mph toward San Francisco, which is 75 miles away. If she maintains this pace, how many minutes will it take her to reach her destination?

2. Tomas is halfway between Seattle and Los Angeles, which are 1135 miles apart. If his average speed is 55 mph, how much longer does he need to drive, excluding pit stops?

3. Kazuo is rationing snacks on the family road trip to Disneyland. They only have 30 pieces of candy left and 5 hours to go. How many pieces of candy can they have per hour?

4. Naomi is traveling from Santa Barbara to San Diego, which is about 240 miles away. The speed limit is 65 mph for the first half and 55 mph for the second half. How long will the trip take?

5. Dana is worried about running out of gas. Their car gets 35 mpg and has a 16-gallon gas tank that is three-quarters full. How many more miles can they drive before they run out of gas?

The Wave Organ

```
U  I  C  F  V  E  E  E  C  T  F  T  W  A  D
F  H  E  T  E  R  C  N  O  C  Z  L  H  C  S
N  Y  R  E  T  E  M  E  C  A  T  G  X  H  C
N  M  Z  A  C  O  U  S  T  I  C  V  P  I  U
M  R  A  A  V  I  R  T  N  B  O  O  X  G  L
W  W  E  R  B  E  P  G  S  O  U  N  D  H  P
L  G  D  M  I  W  Q  P  X  R  Z  X  A  T  T
Y  A  O  P  I  N  C  W  I  L  C  K  F  I  U
L  J  C  N  B  E  A  C  P  L  Q  V  M  D  R
C  Y  G  W  Z  A  H  F  I  W  X  T  U  E  E
J  K  M  J  E  A  T  N  Q  E  J  L  V  F  B
P  Q  F  U  R  U  L  R  E  E  M  V  V  E  F
U  B  C  D  F  W  B  E  T  P  F  S  E  G  U
T  M  S  C  I  Y  B  T  Z  Z  P  P  O  K  D
G  L  G  X  L  W  Y  V  C  G  W  O  B  F  L
```

ACOUSTIC	CEMETERY	CONCRETE
GONZALEZ	HIGH TIDE	JETTY
MARINA	OPPENHEIMER	PVC
RICHARDS	SCULPTURE	SOUND

Presidio of San Francisco

```
X Q L U X A R M Y Z S K C L Z
S O S L L I H H T U O S W S W
U P G S R E C I F F O P N D V
B O L F K F M E Y D G O J G A
U A H A Q G D L L W I T O R X
T Z K C Y W U F C T B L K N F
V P Q E F G K N A K F E K E G
E M A G R H R C V C Y N L Z O
Q A Y R H B I O O B C N Z V S
G N H S K F E U U M U U U N H
B R Q Z I S R A D N G T Q E U
X N J T P S G V C R D D E F T
F L R I E N H F N H B S N X T
H O R I D L W Y H I K Z I B L
F E U C R I S S Y F I E L D E
```

ARMY	BAKER BEACH	CRISSY FIELD
FORTIFICATIONS	GOLF COURSE	GO SHUTTLE
OFFICERS	PARKS	PLAYGROUNDS
SOUTH HILLS	SPIRE	TUNNEL TOPS

California Unicorns

Match the billion-dollar California company to its founder(s).

1. ____ SpaceX

    A. BRIAN CHESKY, JOE GEBBIA,
    AND NATHAN BLECHARCZYK

2. ____ Uber

    B. TONY XU, STANLEY TANG, ANDY FANG,
    AND EVAN MOORE

3. ____ Airbnb

    C. BAIJU BHATT AND VLADIMIR TENEV

4. ____ Stripe

    D. APOORVA MEHTA, MAX MULLEN,
    AND BRANDON LEONARDO

5. ____ DoorDash

    E. PATRICK O. BROWN

6. ____ Palantir Technologies

    F. ANNE WOJCICKI, LINDA AVEY,
    AND PAUL CUSENZA

7. ____ Instacart

    G. ELON MUSK

8. ____ Robinhood

    H. PATRICK AND JOHN COLLISON

9. ____ 23andMe

    I. PETER THIEL, ALEX KARP, JOE LONSDALE,
    STEPHEN COHEN, AND NATHAN GETTINGS

10. ____ Impossible Foods

    J. TRAVIS KALANICK AND GARRETT CAMP

Presidio Pet Cemetery

```
A C K P C X N Z L X J T H A U
G Z R N M A Q D N E J J Q N N
E N D Z H Q O V J B I D S A O
C S I Z Y E E A M I M L L U Z
A H A W O B I N K M J K L G S
L G R N S F L D O G V D A I Y
P T I U F W L D I T M E M R W
G C B P N R M S V R S L T M W
N Z L S E V A R G Y H B F Z V
I C I A J T R N J T F U M H X
T A V D I H E G C P J O B O B
S G O D D R A U G I Y R C V T
E F O J N V D F R W S T K B N
R P S E T U B I R T B C B K G
A Y P E Z A L Z B X J S O J T
```

A GI PET	GRAVES	GUARD DOGS
HEIDI	MR.IGUANA	RESTING PLACE
SAN FRANCISCO	SWING	TOMBSTONE
TRIBUTES	TROUBLE	WILLIE

Filoli Historic House and Garden

```
P  C  H  B  T  U  M  L  O  T  S  G  K  D  V
F  D  I  B  Z  N  I  Q  Y  M  J  I  B  A  Z
D  S  W  J  C  D  R  A  H  C  R  O  J  F  Q
C  O  L  H  E  Y  P  S  P  O  B  U  T  F  R
Y  T  K  L  T  W  I  H  S  U  B  E  S  O  R
I  T  B  N  A  I  G  R  O  E  G  P  S  D  T
A  Y  X  Q  T  W  M  H  G  X  T  S  O  I  Y
P  P  A  J  S  S  N  E  D  G  J  C  K  L  A
A  M  P  Q  E  D  F  E  L  Z  X  I  I  S  K
X  P  H  C  E  M  O  A  D  T  E  N  I  W  S
I  S  X  S  H  P  M  B  I  R  Y  W  K  A  B
D  H  Z  U  T  C  O  M  V  S  A  S  K  P  Z
F  Z  Y  U  H  U  Y  E  Q  B  O  G  N  T  K
U  F  X  I  R  X  W  O  O  D  S  I  D  E  M
D  S  N  N  B  N  I  N  C  L  U  S  I  V  E
```

BOURN	DAFFODILS	GARDEN WALLS
GEORGIAN	INCLUSIVE	LAMCHIN
ORCHARD	POLK	ROSE BUSH
ROSS	THE ESTATE	WOODSIDE

The de Young Museum

```
N O I T A V R E S B O N B Q O
R C R Q P G F O J Q O Q M Z K
D E O K D T L I Y I X A E N C
W E W P D I L O H T E M E E N
E F N O P R A S B R A G Z A E
D L M O T E A V C A Y X C T V
D T F F T F R S Y P L A A M I
I H I P V S E F T H U A S E L
N R N J N H N I A H G P R R M
G E E A T O A W I C S J U T F
D E A I W N X T A R A H S I Q
R G R X H H O Z Q R K D U U H
E E T Y K E K L C G D H E S P
S M S H T E E W M Q B A V S O
S S Q R I R Q F O Z L N D U E
```

COPPER FACADE	DRAWN STONE	EGYPTIAN
FASHION	FINE ARTS	GLOBAL ART
OBSERVATION	TEOTIHUACAN	THE SCREAM
THREE GEMS	TOWER	WEDDING DRESS

Moffett Field Museum

```
M  X  Y  V  E  C  B  X  X  O  P  E  D  A  Y
O  J  Q  A  Q  N  S  P  M  I  L  B  V  E  A
D  D  Y  E  H  G  O  Q  V  Y  K  I  N  A  M
E  E  L  B  I  G  I  R  I  D  A  H  O  U  X
L  T  K  Y  U  E  J  Q  A  T  X  P  X  T  Z
T  E  F  P  F  I  V  Q  I  G  P  Y  V  S  E
R  I  H  J  X  L  Z  O  B  W  N  N  W  N  H
A  P  J  H  O  S  N  P  S  W  Z  A  T  O  A
I  B  R  N  T  S  V  X  D  C  Y  I  H  O  C
N  W  L  S  M  E  S  S  K  G  L  R  D  L  L
F  W  U  H  I  L  N  Q  O  D  E  C  V  L  D
U  H  E  N  D  E  R  S  O  N  P  O  O  A  L
N  O  C  A  M  S  S  U  S  F  A  R  P  B  I
T  J  S  U  W  O  G  W  Z  M  H  P  K  Y  Y
M  S  M  P  D  R  V  R  I  E  C  S  D  I  P
```

AIR CORPS	AVIATION	BALLOONS
BLIMPS	CHAPEL	DIRIGIBLE
HANGAR ONE	HENDERSON	MESS
MODEL TRAIN	ROSE LESSLIE	USS MACON

California's Great America

U O T Q L N O M E D Q H F Q H
J T T O I R R A M I T S A X U
V C O M I Q E O S J G A S B M
B P O M D R Y Z C P D N T X V
W K K U G Z T L A C V T L F G
M H W Z N C C A Z L K A A L G
O R I C V T G J P R B C N J N
U O N M U I R I L E D L E X K
U A T A O W Q Y L K W A I S U
L L E U D B K C F J U R N A E
G Q R M Q Q R T N A V A C F R
M Z F C E D A R F A I R E P N
O I E D Y D Z C N Y Q R R B C
Z J S C S T U N A E P V A C K
L V T Y V O B C X P P N C Q Q

CEDAR FAIR	COUNTRY FAIR	DELIRIUM
DEMON	DUELL	FASTLANE
MARRIOTT	PATRIOT	PEANUTS
RAILBLAZER	SANTA CLARA	WINTERFEST

Hakone Gardens

```
I X L M R Z Z K V J Y W I N V
K U X U U G G S T I N E F R I
A U P K Z P Z Z A K E B M V A
S P K O I P O N D R D Q Q Z D
A X O Q T S D Z E C A D Q A I
S L N K I C S T P S M T I H E
X N G E H U R T C X G H O B L
O G Q G D E S X K X A R W G J
R W V Y A R M N Z R I Q V J A
I B A T Z M A V A U H G F F A
G K A U Q Q K G C S F F B K Z
A C T M H T A H N G E N Y F J
M L D E B Z I P Q E R R J Y Z
I A A V D O B W S B Z N A R M
D G T G B S O L A R M J I K X
```

AIHARA	BAMBOO	HORIUCHI
KARE SAN SUI	KOI POND	MUKO
ORIGAMI	RETREAT	SARATOGA
SASAKI	STINE	ZEN GARDEN

Winchester Mystery House

```
D R Z W R X C I H C Y S P P Z
E S U O H M R A F K J Q H Y E
T S P N R E N O V A T I O N S
N B K Q N B F A N B C N S O T
U P L D O V A G A E O P G U A
A J B H I E K M A I I K B V I
H C K E S I V G T R I E U H R
Z D Y S N Y J C I S R N W M C
S N U G A G U T I C A Z P H A
E S J Q M R S C U U T R G C S
K O T J T W W L B Z M C A I E
N R R S P Q O O L A G B Q H I
Q D N S O S R M J G A W I S R
L O U C I H Z G J Z E D Z B X
C R I S J F G U V U O J M F W
```

CONSTRUCTION	FARMHOUSE	GHOSTS
GUNS	HAUNTED	MANSION
PSYCHIC	RENOVATION	SARAH
SPIRITS	STAIRCASE	TUBERCULOSIS

California Vanity Plates

JAN California 2024	JAN California 2024
LFT MY ♥	HNG 10
4CRWZN	PEAZOUT
ALWYZL8	IMFUN2
1NLOST	409ER

San Jose Museum of Art

```
B O R D E R L E S S A T R U S
Y R F P H X P A O I D J T Z F
H E B M J H Z I D T A E G W I
N F F M Z Q S H C D V P X M N
X E N W O H W C E A I S L P C
B O A W U D X V M U S S U Q U
N K U L A G V J Z E S S P H R
E R I A Y Y S I K E C Z O I I
V U L W Q P F O S M H L V L O
E J G R A I O I E I O E O E S
L G N H M R Z S N T O Q J E I
S I U F B X X W Y D L N O Y T
O T H D V D K Z G R E Q A G Y
N I E I I E A U Q O H R M R L
X P A C I F I C R I M C F W Y
```

BORDERLESS	CHRYSOPYLAE	CURIOSITY
DAVIS SCHOOL	EDBROOKE	HUNG LIU
NEVELSON	PACIFIC RIM	PICASSO
SJMA	VISIONARY	WAYFINDER

49

Japantown San Jose

```
G L G P Y S B X A J D B F T T
N A F G O W R A T G R K A J S
K S W C S H Q E P F F X W N I
D T C Q C L S T M S Y S I W H
V T Q Y E L W L A R W Y F O D
O H U D V A S I A O A I O T D
D R K E J H V Q B B H F W J U
T E K A R A O K E C R R K F B
G E P B P D L M A P R E V A G
K T L F T I B M L B B I H V K
K W L G P K N A T H R E S K S
U E C K J O Q X K Y N L W Q R
K O V K H U B S A N S E I I N
K T U I E R T D K I M O N O Q
L K N S N H Z Y U L F R D U A
```

BUDDHIST	FARMERS	HERBAL SHOP
J-TOWN	KARAOKE	KEVIN
KIMONO	LAST THREE	NIHONMACHI
OKIDA HALL	PLAQUES	SANSEI

Mexican Heritage Plaza

```
R  U  R  G  V  P  R  E  T  A  E  H  T  I  I
O  B  T  C  R  O  V  H  I  P  Y  I  B  A  Q
C  F  E  H  F  A  O  B  S  T  V  I  H  M  E
J  Q  K  A  J  R  M  O  X  O  I  S  E  V  G
P  E  Z  V  J  U  D  W  W  H  N  G  E  Z  S
L  Z  M  E  C  S  T  M  C  O  L  R  R  S  G
N  A  Q  Z  H  C  B  A  I  A  M  C  R  U  L
O  B  P  F  D  F  I  T  C  E  N  L  G  M  Z
F  F  G  L  I  R  A  O  R  S  R  R  E  M  W
R  G  M  S  A  R  L  C  B  I  A  S  Q  E  J
D  X  Y  M  B  Z  A  C  A  X  O  O  J  R  B
H  M  P  E  K  D  A  F  X  J  N  A  X  C  L
W  D  L  W  I  Z  Y  O  N  C  X  C  Y  A  P
W  E  V  T  T  A  L  A  Z  C  Q  J  X  M  K
C  P  O  Q  M  Z  S  M  J  H  Q  L  M  P  L
```

CELEBRATIONS	CHAVEZ	CUMBIA
LA PLAZA	LOCAL GEM	MARIACHI
MAYFAIR	MERCADITO	SAN JOSE
SOAC	SUMMER CAMP	THEATER

Lick Observatory

```
M  T  E  L  E  S  C  O  P  E  S  I  N  O  G
U  P  K  Q  R  H  Y  B  F  X  Q  O  J  S  U
N  M  G  A  K  M  Y  K  J  T  T  H  A  W  P
F  D  T  C  K  O  R  Z  S  L  M  S  M  J  G
H  S  I  X  V  A  O  E  I  T  E  K  E  R  J
F  L  E  L  A  Z  T  M  N  I  H  G  S  S  R
L  B  F  L  G  T  A  A  L  V  U  G  L  R  O
W  H  M  M  J  H  V  E  H  I  I  U  I  Z  L
U  C  S  C  T  O  R  C  J  M  X  A  C  N  E
O  R  T  N  T  E  E  O  V  Y  K  I  K  E  Z
X  T  U  B  H  I  S  V  S  X  B  O  R  V  A
P  O  Z  E  Q  B  B  U  N  C  U  B  U  D  Q
M  J  P  E  A  V  O  N  E  R  E  P  U  S  V  H
P  N  C  A  S  T  R  O  N  O  M  Y  D  K  J
B  E  X  O  P  L  A  N  E  T  S  N  A  B  Q
```

ASTRONOMY	EXOPLANETS	HERE LIES
JAMES LICK	LICK	MOUNT HAMILTON
NIGHT SKY	OBSERVATORY	STARS
SUPERNOVAE	TELESCOPES	UCSC

Garlic World

```
F  S  E  V  I  L  O  T  E  M  R  U  O  G  T
D  E  O  Y  M  A  E  R  C  E  C  I  V  V  L
N  T  D  N  G  M  S  B  P  L  P  D  M  P  A
A  R  Y  S  W  M  H  H  W  H  X  A  F  D  T
T  S  Q  G  U  E  M  G  S  E  H  P  J  K  I
S  L  I  L  Y  F  A  M  I  L  Y  H  D  G  P
E  C  S  U  K  O  L  I  V  E  O  I  L  S  A
D  N  I  K  A  S  A  R  I  H  D  D  N  A  C
I  C  O  L  O  S  S  A  L  G  A  R  L  I  C
S  L  G  X  S  S  Z  H  Q  Z  C  E  L  A  I
D  R  I  E  B  R  A  I  D  S  R  M  L  O  L
A  T  L  G  S  Q  K  H  D  R  P  E  T  T  R
O  G  R  T  Y  E  B  A  K  L  J  D  M  D  A
R  Q  O  N  M  C  Q  B  S  M  X  Y  I  D  G
Y  I  Y  L  I  M  A  F  I  R  E  T  O  Q  I
```

APHID REMEDY	BRAIDS	COLOSSAL GARLIC
GARLIC CAPITAL	GILROY	GOURMET OLIVES
HIRASAKI	ICE CREAM	LILY FAMILY
OLIVE OILS	OTERI FAMILY	ROADSIDE STAND

Santa Cruz
Beach Boardwalk

```
K R A P A C T S E D L O A A I
J V X H N P I P E O R G A N U
R L H L A F F I N G S A L I F
E O C A S I N O A R C A D E B
P O X A O T E A C U P S R H K
P F O H K L A W T H G I R F R
I F Q T Z V V Z B E S S E V W
D C G Y Z R S S Y N O P I G X
T A I M O N T E R E Y B A Y L
N R W K P K T U O Z G Q E G M
A O M E R R Y G O R O U N D V
I U Z Y S L V T D S L D B R K
G S E E H I S T O R I U M X Y
S E P S V B E S U O H H T A B
H L G B M V P T F A J L K A E
```

BATHHOUSE	CASINO ARCADE	FRIGHT WALK
GIANT DIPPER	HISTORIUM	LAFFING SAL
LOOFF CAROUSEL	MERRY GO ROUND	MONTEREY BAY
OLDEST CA PARK	PIPE ORGAN	TEACUPS

Monterey Bay Aquarium

```
Z X N W O R Y R E N N A C S O
F A W S N O W Y P L O V E R S
Y U L Q T S P L A S H Z O N E
S E A F O O D W A T C H Z O M
R N C K J F A C F T E G O W A
E M U B I W B Y Y V Q C W Q Y
T T T L I V E F E E D I N G S
T W A C O Q B U O R N X M H M
O A E S N E P O N W P U Q V P
A S M S Z L R Y S N P C V O J
E L N O I T A V R E S N O C B
S H W H U M P B A C K S M H V
K W H I T E S H A R K S Y Q R
S A N C T U A R Y L B T K X W
N C K T S E R O F P L E K W L
```

CANNERY ROW	CONSERVATION	HUMPBACKS
KELP FOREST	LIVE FEEDINGS	OPEN SEA
SANCTUARY	SEAFOOD WATCH	SEA OTTERS
SNOWY PLOVERS	SPLASH ZONE	WHITE SHARKS

Big Sur

```
S N S E D I L S D N A L X K V
X B A E E V Y C O Z B G F W Y
A L L A M E R I C A N R O A D
H C A E B R A L L O D D N A S
B R L B R E D W O O D S W C S
T S A N T A L U C I A M T N S
X A P G W C C D F Q O L S H O
P D S Q N O H T A R A M J L O
D Z S E L C Y C R O T O M U E
W X S G E S U O H T H G I L P
Q R O C O A S T A L P L A N D
I Q S D R A O B L L I B O N T
C O O P E R C A B I N M F H W
I O M V O S L L A F Y A W C M
H B K Q Z H S A X F D W W F O
```

ALL-AMERICAN ROAD	COASTAL PLAN	COOPER CABIN
LANDSLIDES	LIGHTHOUSE	MARATHON
MCWAY FALLS	MOTORCYCLES	NO BILLBOARDS
REDWOODS	SAND DOLLAR BEACH	SANTA LUCIA MTNS

Forestiere
Underground Gardens

```
X F N J X O W A C S O L J O O
T H N Z R Y N P W F F L F T W
H A F A T F Y S E O T T O R G
K U K I P V N N E B U B Q K M
H P U Y I D U R A R E A V D X
N R H N C N R A X I F L O C Z
F U E C A U J A T U L D K N K
D S N K T O S J H D E A Z S P
I G G Q A R P A T I O S T X U
C M B Z C G N F G F W S B I X
V X G O O R H V U E L A M F S
Z D G S M E A O C S E R F K O
T D W K B D B E B Q I E S Z A
Q W P T S N O Z Y C C A V E S
Y S U B B U T P E O J H Y C Q
```

BALDASSARE	CATACOMBS	CAVES
FRESCO	FRESNO	FRUIT
GROTTOES	HARDPAN	ITALIAN
PATIOS	UNDERGROUND	VINES

Sequoia National Park

Across

1 Civilian superintendent of the park and leader of the Nature Guide Service

3 President Calvin Coolidge declared this tree the "Nation's Christmas Tree" in 1926.

5 Location of some of the oldest and largest trees on Earth

9 World's largest tree, found in the Giant Forest

10 Visit Sequoia National Park's very own marble cavern called __.

11 Sequoia National Park was the __ official national park in the US.

Down

2 Due to the dryness of summers in California, many trees have __ in their rings.

4 Military superintendent who made great progress bringing accessible roads to the park

6 __ advocated for the park's expansion and saw Congress triple its size in 1926.

7 Sequoia National Park's sister park, located in Cambodia

8 Highway named after the park's most famous and largest sequoias

Fake or Fact

True or false?

1. California has more people than Canada.
- ☐ *True*
- ☐ *False*

2. The state's motto is "Go West, young man!"
- ☐ *True*
- ☐ *False*

3. Over 50 percent of Californians were born outside the US.
- ☐ *True*
- ☐ *False*

4. California has about 200 ghost towns.
- ☐ *True*
- ☐ *False*

5. The Hollywood Bowl is the largest outdoor amphitheater in the world.
- ☐ *True*
- ☐ *False*

6. General Grant is the world's largest tree at 275 feet tall and a circumference of over 100 feet.
- ☐ *True*
- ☐ *False*

7. California is the birthplace of the internet.
- ☐ *True*
- ☐ *False*

8. Death Valley is the hottest and driest national park in the US.
- ☐ *True*
- ☐ *False*

9. California is the second-largest state in area in America.
- ☐ *True*
- ☐ *False*

10. The state sport of California is surfing.
- ☐ *True*
- ☐ *False*

Moro Rock

```
E  B  J  O  Q  Z  S  U  M  M  I  T  B  I  W
X  Q  G  R  H  I  R  I  R  J  Z  R  I  Z  P
F  F  P  L  T  E  W  D  H  D  K  P  S  C  A
O  G  A  Y  I  Q  G  B  P  B  J  H  M  G  N
L  A  R  I  L  B  E  N  L  F  W  O  S  E  O
I  G  M  A  O  K  R  A  E  K  I  H  P  O  R
A  B  S  N  N  U  K  Y  Y  L  C  T  U  L  A
T  M  J  H  O  I  Q  M  I  T  L  K  J  O  M
I  I  D  K  M  I  T  E  P  Q  A  A  U  G  A
O  L  Q  B  R  T  T  E  S  V  T  Z  H  I  E
N  C  V  U  J  D  H  A  E  D  F  B  U  C  N
G  U  Y  C  V  T  M  E  V  V  Z  P  H  A  T
F  D  X  C  J  V  G  G  L  E  Y  F  I  L  H
K  E  E  R  C  O  R  O  M  J  L  W  P  L  Q
K  Y  V  Q  B  P  I  S  Q  V  X  E  T  K  E
```

CHALLENGE	CLIMB	ELEVATION
EXFOLIATION	GEOLOGICAL	GRANITE
HIKE	MONOLITH	MORO CREEK
PANORAMA	SEQUOIA	SUMMIT

Museum of Western Film History

```
J Y U C N E M T P Q F J W U L
O U H O L L Y W O O D G P G L
I U U S P K F A B F D E C O A
C I J O N H L G E J U F E L N
Z L L D Y R W L Q C T S N P D
M O Q S A K E V G H T Y E L S
M N T D L Q N T E E I G U P C
O E S I L V E R S C R E E N A
I P O E N P O E S E G I A A P
F I X G C U I Y D P W E K N E
N N A H N V O R A Y V S K X S
A E F D O B E G R A S R A E K
N Q U M W E N A J I G P Y D P
R P C O M O V I E R O A D W B
F E C P I N P L A V I T S E F
```

COWBOYS	FESTIVAL	G.I. JANE
HOLLYWOOD	KEARSARGE	LANDSCAPES
LONE PINE	MOVIE ROAD	MOVIE SETS
SILVER SCREEN	THE ROUNDUP	WESTERNS

Ahwanee Hotel

```
E P B B X T I A Y R Z P M E U
L Q U E E N S X H H J A T N N
G A P Q V H X T F Q J N D G R
J Y Y V A N S U G E E E G I N
W V R R O K Z X S P R A B M Q
L W D R J N Y T E W P G Y K B
S A D F U E I L O I S X T S G
M H W K T C I O N L D Y C P G
K W Y X D O D G L E X U Q Y A
Z A L N T C M A U M L E T O H
C H S T J O F U U H H M W Q T
H N R X U E J O H N M U I R R
M E U T R G V K X P U X F N X
Q E H I L U X J U Q U L W Q U
K L F H A H W A N E E C H E E
```

AHWAHNEE	AHWANEECHEE	CURRY
FIREFALL	GAPING MOUTH	HOTEL
JOHN MUIR	MAJESTIC	QUEEN
TOILE PENTE	UNDERWOOD	US NAVY

Ansel Adams Gallery

```
C Y E S C A M E R A W A L K S
B X N C X G V K K M J X I D G
L L I X Y N H P Q X F R S T U
A A N X N K W D O R P H L W B
C T W O A Q I P U T N E X N A
K N S K R A P L A N O I T A N
A E P W B R I D A L V E I L R
N M R N T T C A R R O O F E C
D N I G N T W P O L A R O I D
W O N I P H O T O G R A P H Y
H R T R A N A Z N A M G P T A
I I S F K O O R G C S L B Z Q
T V N I C E F Y O S E M I T E
E N Q S M F K C K W P J N T S
C E I B E S T S S T U D I O C
```

BEST'S STUDIO	BLACK AND WHITE	BRIDAL VEIL
CAMERA WALKS	CAR ROOF	ENVIRONMENTAL
MANZANAR	NATIONAL PARKS	PHOTOGRAPHY
POLAROID	PRINTS	YOSEMITE

Tunnel View

```
N P T V A L L E Y S U N S E T
U A Z N T M H D X X F A H H T
L B T G L B M A U Q S N X X N
P K H I V Y R I L G M T G S I
X V L S P K N I X F A N B L O
J O E E N A D U D A D D J N P
Z F T D N W C S R A A O O S R
F X I C Q B A L S Q L V M P E
T L M I F B G W E W E V V E I
H K E T B N X L O R S L E S C
B Q S S I A V M L N N M V I A
I T O U Z H T O Z W A B N W L
X N Y R U N O S Q H A T W K G
T J H U K K G B I R L P Q L R
B D R X S Q K G Y V Y Y D C O
```

ANSEL ADAMS	BRIDALVEIL	EL CAPITAN
GLACIER POINT	HALF DOME	OVERLOOK
RUSTIC DESIGN	SUNSET	VALLEY
VISTA	WAWONA	YOSEMITE

Bodie State Historic Park

```
C F H C D I Y N Y X C D T C U
Y K G J T J H A D T C E S Y E
E J N W P O N I O X R T K M C
H K Z J F E V O B L Y S F G Q
Y P A S H Q M E D O B E T F K
J A U L T L W O I J Q R R S T
K Y C G O A B H N N Z R H I I
D D N E W N N U S B O A Q U F
E I V T D L O D I U B F R R U
C R J B M I C M A L R X O E G
Z T E F V C M L Y R D D N R R
T N O I T A L O S E D I L U E
X W K Q P H V Y T M M C N O P
B C K P J C K R W R R T O G G
Z V L U Q K B D Q L J J R U S
```

ARRESTED	BODY	BUILDINGS
DECAY	DESOLATION	FIRE
GOLD RUSH	MINE	MONO LAKE
PAY DIRT	STANDARD CO.	VEIN OF ORE

65

Teakettle Junction

```
O K K E V A J O M I Y I C C E
C C W E S T E E W E Y L F D B
Z E H L Y Q X T C V S D O D E
I F O U E T M J T B R K P G H
F X Z O R E H W T A E G X X E
S L L A I A V W O T L T S D B
K T G D T Q G B T U E P E N U
V A T T E J H L X U V V H W T
S S F O R S E E O S A R P T Q
B G F A A S M E Y P R E X U K
I V T W P O X S N J T M A X E
S O M J S D M U I D Y O N J U
T I X G R N V W K U A T F E L
J F Y S E L T T E K A E T G L
G K R M S T A T N E V P R H V
```

EXTRA GAS	INYO	KETTLES
MOJAVE	REMOTE	SPARE TIRE
TEA	TEAKETTLES	TRAVELERS
UBEHEBE	UNPAVED	WASHBOARD

James Dean
Memorial Junction

```
P T Q S I H S A R C R A C D A
I Y P R X S C B S Q K C K O R
K S D V E N S Y R Q W D O A E
B A B N B H T K X O J D M C B
M L T C O L C X R L H O M V E
Z I I H H S T S K Z W E A U L
R N D P D O C R R T M Z N A S
P A O W E P L A E O U S B E D
F S A I Q O C A R T P K P P W
E O P I T P X I M E D T S Y S
X P V I L C A F E E E S W V H
U T G O T L N D Y M P U A F M
K M J R Y J I U B K R O N F M
J T R I B U T E J U A B O S N
Z P K J E I R O A T S I H I E
```

CAR CRASH	CHOLAME PO	DOA
JUNCTION	MEMORIAL	OSCAR
PORSCHE	REBEL	SALINAS
SEPTEMBER	SPEED	TRIBUTE

Hearst Castle

```
G S U J M L A T A C N E L U T
S A R D V Y E O S Y C I A N S
L E O P U L E N C E O M S Z R
E A S D S D D E C G T E G T A
Q F I T C L C P X H T V M S E
R F H T A C Y T K P A P E F H
L L I H A T P U P N G N L U T
C M T P Z L E N T U E W T U X
D H N T W I A E B Z S R S E Z
I I G M Z E X P H B Q B A U D
R J U L I A M O R G A N C F I
H Z C A U Y E O R A T S E U C
W Z J M Y M S L I X X T I M V
W W X A M D T B N I R Q J J P
Y U S V Q V V E Q Q C S H U A
```

CASTLE	COTTAGES	CUESTA
ENCATA	ENCHANTED	ESTATE
HEARST	HILL	JULIA MORGAN
NEPTUNE POOL	OPULENCE	PALATIAL

California College Tour

Choose the correct answers on this pop quiz.

1. The number of colleges and universities in California

☐ A. 881
☐ B. 339
☐ C. 1734
☐ D. 132
☐ E. 197

2. Average tuition in California for a private four-year college

☐ A. $63,882
☐ B. $43,806
☐ C. $52,172
☐ D. $28,421
☐ E. $37,009

3. The least-expensive UC school

☐ A. UC Berkeley
☐ B. UC Merced
☐ C. UC San Diego
☐ D. UC Riverside
☐ E. UC Irvine

4. The most-expensive UC school

☐ A. UC Berkeley
☐ B. UC Merced
☐ C. UC San Diego
☐ D. UC Riverside
☐ E. UC Irvine

5. In the 1920s how much was a year of tuition at a California public university

☐ A. $100
☐ B. $600
☐ C. $25
☐ D. $250
☐ E. $1200

6. The number of colleges in the California community college system

☐ A. 115
☐ B. 73
☐ C. 32
☐ D. 87
☐ E. 122

7. The number of students in the California community college system

☐ A. 830,000
☐ B. 6,800,000
☐ C. 2,100,000
☐ D. 740,000
☐ E. 1,800,000

8. The number-one ranked college in California

☐ A. UC Berkeley
☐ B. Stanford Univerity
☐ C. Harvey Mudd College
☐ D. Scripps College
☐ E. Occidental College

9. How many Historically Black Colleges and Universities (HBCU) are there in California?

☐ A. 34
☐ B. 8
☐ C. 12
☐ D. 1
☐ E. 27

10. What California college is the only university to have a gold-medal-winning athele in every summer Olympiad since 1912?

☐ A. USC
☐ B. Pepperdine
☐ C. UCLA
☐ D. Stanford
☐ E. UC Berkeley

Piedras Blancas Elephant Seal Rookery

```
C A Q Y Z X Y Y G B Y V L D Q
P P Z A Y N Y N Y R X E O I B
Q I D C O K I Q E K N X B L N
S O E L P D W K K I G T U P F
T X O D E F O N R I E B P R D
P C W E R O V A H E B L U O T
U G R D R A M S N E P K V B F
P B N T O B S E R V A T I O N
D O I G H X B B M A K H A S W
E F Y I F F N E L K N V O C M
W A O N I W M N A A L W M I U
G O E J Y R A U T C N A S S Z
I A E D S J I O G Q H C J I X
U T M A S L A T W F O W A Q A
H U P E F I L D L I W O E S Y
```

BEACH	BLUBBER	BREEDING
COLONY	MARINE	OBSERVATION
PIEDRAS BLANCAS	PROBOSCIS	PUP
ROOKERY	SANCTUARY	WILDLIFE

Bubblegum Alley

```
H Y I F M I L V Z Q B U T Y G
B M W M U G E L B B U B E F U
F M I Y Y V U Z C U Q L R S M
L U I A Q Z S N L R L J A K C
N Y W N T A U C S A P N G S O
M O A K A T S S W T L E N B V
I P L O Z R R C Y U I O S Y E
U E L V F F I A I S I C C E R
L Y O I X M A S C T W H K T E
I E F C B E O V I T E E Y Y D
D S G H Z B Q D T W I T H Y H
N O U Z I X A T I B G O B C O
L R M S Q R S N M T L L N J P
D E P T T K G H I F U M M U P
R O Q A G X C O Y J B U G Q E
```

ALLEY	ATTRACTION	BUBBLEGUM
CHEWING	CHEWSY SUZY	EYESORE
GUM-COVERED	SAN LUIS OBISPO	STICKY
TRADITION	WALL OF GUM	YANKOVICH

The Madonna Inn

```
D M Y P L H F J V Y S A M R U
U X I Q U L Y Q W J N E C Z S
Z N O I T A D O M M O C C A L
K Y W H F C Y P R S B F Z W S
T H R O D I D E M E H T O L P
L U H S H S T R N E P W N W L
G S Y P E M B N T K U P H P A
Y J F I J I O A E T X O O R S
H S O T S H A O R T H W U C S
S C L A N W F Z R Y Z E L Z I
I I T L L B K I T S C H E L W
V V H I M X K O Y P N U T X S
A M M T S E C D J Y E E O M R
L K T Y A W O D J G L O M R U
R M C K B J R O C E D T H M Q
```

ACCOMMODATION	COPPER	DECOR
HOSPITALITY	KITSCH	LAVISH
MEN'S ROOM	MOTEL	PINK
SWISS ALPS	THEMED	WHIMSICAL

Pismo Beach Monarch Butterfly Grove

```
S U F P E F M K W J B E S S Q
N D Z T S J Y S X G V D M M Z
W O X H N M A Z C O W U D S B
N V I Z C O I A R I N C X H K
O Z V T N A I G N R M A J C G
N M I D A S E T X T P T C R H
E H S S T V E B A B O I B A I
M O I C Y R R C O R K O V N C
O O T D C G E E B M G N N O Q
N U O B Z U O E S A S I R M B
E M R C E Y Q R S N M I M P A
H T S V T X O J G T O W P U U
P H E A L Y F P Z F H C C T I
B N S E I L F R E T T U B V Q
L S U T P Y L A C U E T Z F K
```

BUTTERFLIES	CONSERVATION	EDUCATION
EUCALYPTUS	GROVE	MIGRATION
MONARCHS	PHENOMENON	PISMO BEACH
TREES	VISITORS	WINTER

Antelope Valley Poppy Reserve

R	B	E	R	D	H	T	P	E	Q	N	I	B	P	O
R	P	U	I	U	H	Z	G	T	U	Z	I	H	C	A
E	I	R	N	S	U	P	E	R	B	L	O	O	M	P
E	D	K	O	C	B	M	G	Q	A	T	S	B	M	S
D	M	S	B	N	H	W	E	X	O	R	F	G	P	M
E	U	C	Y	U	G	G	B	G	E	L	P	B	O	O
L	W	V	K	J	Z	H	R	W	V	D	H	C	P	O
U	I	N	D	Q	U	A	O	A	N	N	D	P	P	L
M	F	Q	F	B	P	L	V	R	S	E	N	A	I	B
Z	K	J	R	H	F	Y	H	T	N	S	H	A	E	S
D	U	T	Y	D	S	C	R	U	B	O	A	K	S	C
Y	E	L	L	A	V	E	P	O	L	E	T	N	A	T
B	L	I	Z	L	R	E	P	I	N	U	J	V	D	P
K	W	E	L	D	N	I	D	D	M	B	B	O	R	O
T	P	P	M	T	R	A	I	L	S	V	U	E	A	U

ANTELOPE VALLEY	BLOOMS	BUNCH GRASS
JUNIPER	MULE DEER	PHOTOGRAPHY
POPPIES	PRONGHORN	SCRUB OAK
SUPERBLOOM	TRAILS	WILDFLOWERS

Scenic Overlook

As you stand atop the 1._____ sand dunes, gazing out over the vast expanse of the eastern California desert, you feel a sense of 2._____. The landscape stretches endlessly before you, punctuated by 3. _____ and 4. _____, their silhouettes etched against the 5. _____ sky. In the distance, the 6. _____ undulates like a shimmering mirage, teasing the senses with its elusive beauty.

As the sun dips below the horizon, painting the desert in hues of 7. _____, you can't help but marvel at the raw 8. _____ of this untamed wilderness. The 9. _____ silence is broken only by the occasional 10._____ of a distant coyote or the haunting cry of a lone 11. _____. In this vast, 12. _____ landscape, you feel small yet strangely connected to the ancient rhythms of the earth.

As night falls and the stars emerge in all their glory, you are reminded of the timeless 13. _____ that have traversed this desert before you. With a sense of reverence, you turn and begin your journey back, carrying with you memories of the Eastern California desert that will 14. _____ in your soul forever.

1. adjective _____
2. emotion _____
3. noun _____
4. noun _____
5. adjective _____
6. noun _____
7. color _____

8. noun _____
9. adjective _____
10. noun _____
11. noun _____
12. adjective _____
13. noun _____
14. verb _____

Elmer's Bottle Tree Ranch

```
V C N Q F W R N H X Y F R A U
H T O P B O T T L E S K G J T
Y R C K C I X R N H F O D I T
T D E W E M X G Z H T W Y W N
I O G T L V L B M I X W O B S
U I N M I A A C K T Q H L K A
D C C M S R W G N Y U P A Q K
G O G S S W A G N O L P M O
E E S B I T X E D G U I T A R
E L L N M K S R P Z I X Q H A
S L C B P J E E I Y S I A B R
E I H X I D R T R W T D C I R
K O O I V A O W D O P A V P S
O T I J K K K A I W F Q E B V
W T X E D N A R G O R O B D I
```

BOTTLES	ELLIOTT	FOREST
GEESE	GLASS	GUITAR
LONG	MISSILE	OROGRANDE
RAKE	TWO HUNDRED	TYPEWRITER

Summit Inn Sign

```
K R A Q S S A P N O J A C P Q
Z W W M Z X S A I K V T W T H
I J Q F E D J E L P R R S N I
O M I C K E Y S U E B E P U L
S T E V E N S B G Q Y A D N D
P I T B U P U W A N C C U D A
E R I F T U C E U L B H A T F
K A H P T C B O R E D E R Y I
Y T C G N D A O F G H R E X S
E E I N S U R A N C E O D K H
F E R F V Y Z Y Q X V U N M P
Z L T C S D J W H A P S E Z F
F V S E H O B W U Q P Q O R U
D I O P S L L I H K A O N S J
K S G N I K N I L B M S R D W
```

BLINKING	BLUE CUT FIRE	CAJON PASS
HILDA FISH	INSURANCE	IRATE ELVIS
MICKEY	OAK HILLS	OSTRICH
RED NEON	STEVENS	TREACHEROUS

Charlie Brown Farms

```
S I M O S S O L B R A E P L F
O V N X F S Q Z E D B S L H Z
S E K A H S E T A D V G P F D
W H L W M D E Z H V M K Z E E
E N O I Y H O Z A P Q F B O I
E X L P T G C O Y N B U A R R
T U P Z P T H S F V G N Q A F
S V Z I S I L K F V W N T Z P
J P J H J U N E M D C E F T E
E J F W C W X G R E R L R G E
C O N T N M G M R O F C B F D
F S O U V E N I R S C A B P X
G I K M Q R A X R X O K R D K
O L U F T H G I L E D E D M R
M H V W J E T R I N K E T S P
```

DATE SHAKES	DEEP FRIED	DELIGHTFUL
FARM	FOOD	FUNNEL CAKE
LITTLEROCK	PEARBLOSSOM	SHOPPING
SOUVENIRS	SWEETS	TRINKETS

Vasquez Rocks
Natural Area Park

```
D  J  A  V  Z  C  D  Q  C  J  R  G  N  R  N
Y  Y  C  E  C  L  U  D  A  U  G  A  A  T  Z
P  B  O  F  Q  E  N  O  H  S  O  H  S  E  I
P  C  G  W  T  X  G  X  K  C  A  B  G  O  H
G  B  T  P  S  H  Q  R  W  V  O  O  W  B  A
I  T  M  I  M  O  L  I  G  O  C  E  N  E  G
S  P  L  C  N  O  K  Q  M  Y  S  N  E  G  N
B  Y  A  N  K  J  S  A  F  T  M  X  J  D  I
F  O  N  I  S  A  I  R  E  N  Z  F  W  A  P
U  U  D  C  N  V  Q  R  O  Q  H  I  U  U  I
Y  U  S  R  A  T  N  F  Z  O  R  R  K  Z  P
C  I  C  T  V  S  U  U  A  M  D  B  O  A  A
E  M  A  F  F  I  U  P  Q  Z  H  T  D  Q  M
B  T  P  O  D  V  W  J  Q  C  P  W  U  Q  Y
L  J  E  V  A  S  Q  U  E  Z  Q  U  M  O  C
```

AGUA DULCE	HOGBACK	LANDSCAPE
MAPIPINGA	OLIGOCENE	OUTDOORS
PCT	PICNIC	SHOSHONE
TATAVIAM	VASQUEZ	WESTERNS

Ronald Reagan
Presidential Library

```
I  I  Z  S  E  I  R  A  I  D  O  C  F  K  B
K  G  L  A  I  R  F  O  R  C  E  O  N  E  F
O  V  A  L  O  F  F  I  C  E  K  X  S  V  X
V  M  J  C  U  E  M  L  H  T  S  S  F  A  C
F  N  O  S  L  L  A  W  N  I  L  R  E  B  Y
N  R  C  M  W  A  C  T  O  R  M  H  E  J  C
I  T  V  Q  M  Z  X  G  Q  H  C  N  Z  S  N
D  X  K  S  E  D  M  O  O  R  T  I  S  I  A
N  G  M  S  I  T  A  V  R  E  S  N  O  C  N
I  E  H  R  P  X  V  J  R  A  W  D  L  O  C
M  I  T  C  A  N  B  E  D  O  N  E  U  K  Z
L  L  T  H  T  E  I  T  R  O  F  X  Z  X  V
B  Z  P  U  T  C  A  K  O  C  Y  X  V  X  F
E  Z  I  E  L  B  R  N  H  M  W  G  B  I  I
Z  T  S  L  L  E  R  R  A  F  O  R  P  R  O
```

ACTOR	AIR FORCE ONE	BERLIN WALL
COLD WAR	CONSERVATISM	DIARIES
FORTIETH	IT CAN BE DONE	NANCY
OFARRELLS	OVAL OFFICE	SIT ROOM DESK

Malibu Pier

```
N E S U O H N O S M A D A S R
G N I H S I F T R O P S H U A
G N I H C T A W E L A H W R E
B V K C V S K R N K G P V F L
E Z O U B M E M B Y P S O R I
G F Q S C L G I D G E T J I T
C K C A H S F R U S L T S D U
W P E W H W L B A A C W U E B
E R V C P E M R G Z G R P R I
B E P W I Z Y O K L W A P B L
M H N F W Q O E E A S B C E A
Y A D S E N D E W G I B U A M
P I H U L J D F L V G N Z C G
L R B C D W H J J A J Q N H J
A C M R A F U B I L A M V R B
```

ADAMSON HOUSE	BIG WEDNESDAY	GIDGET
LAGOON	MALIBU FARM	MALIBU TILE
PCH	SPORT FISHING	SUP
SURFRIDER BEACH	SURF SHACK	WHALE WATCHING

Surfers' Hall of Fame

```
O L O W H C I V O N A L U M W
A C M I X S O U K I Q Q O N S
E B C X M A J L N F Q S E K M
R A J H Z M F O O R A X U N B
O M E U I A T W G B W O R M F
M H O Y M L O V A A M J J S O
L X A M I L U B R T B I N V J
I V R M L T Z P A D V O T W J
G C A A Q G R R O S S L U R C
N H A V B H T A E H W W N N T
W I P C H B H G A C N O G Y U
C F E R R E I R A J N H N W B
D R C L X Y B T B X T E I I E
L E W L Q C X F L V V P W U V
J Y T Z T R W A Z K Y A I P A
```

AIPA	ARAGON	FERREIRA
GILMORE	HAMILTON	LLAMAS
MULANOVICH	OCCHILUPO	RABBIT
SUMO	WHEAT	WINGNUT

The Getty Center

```
C U B D V A H H G E T T Y Q E
C A N V T V K Q J S H K V R I
N J B I G A U G U I N I Z H D
K L X T W V X C Y O E B C O U
A H Q I K R C X U W T M O G A
Z R I E M U I D S Q T W E O X
A P D L L R O W F E T K E L Q
L C Q E A T E P R N J Z N S E
E X N I A R T R E V O H E T C
A T U W R I A R Q J I M J Z U
P H A F D C B N N R U I S D L
O K W X E A L L I V Y T T E G
O I H S T S X S B P G T B Z D
L T F B H U E H C G R E C O Y
U P D L G S V Q D X U C D N P
```

AZALEA POOL	BRENTWOOD	GAUGUIN
GETTY	GETTY VILLA	HOVERTRAIN
IRISES	IRWIN	MEIR
SUCCULENT	TERRACES	VIEWS

Santa Monica Pier

```
G A L T P A C I F I C S A J M
N Q T G P C A L I F O R N I A
K B H H D C L S S S B M L L N
R T E S N U S A D O O J D I K
R E E A X A L N B C K R Q F Z
E A N S C O Q T E J G U W E I
I C D O P H C A K C G M O R O
P N X O M G N M O C Y M S R I
K L A W D R A O B Z S C E I I
Q O I X Y T M N P X T J D S Y
K A G N I N N I G E B A I W F
C H B R T Q N C U O C I A H I
X M E O A M W A P L S S X E E
S P I R I T U A L E N D S E Z
J Q Q J T J F L G J E C X T L U
```

A BEGINNING?	BEACH	BOARDWALK
CALIFORNIA	FERRIS WHEEL	OCEAN
PACIFIC	PIER	SANTA MONICA
SPIRITUAL END	SUNSET	THE END!

Pacific Park

```
N O G A R D A E S B P O N G P
W A Z J R D B P M K O I D C O
L W Y S E I K N I R N V Y C O
J V E T R E L A G I S L Z O L
K H Z R J F T P V L E O N A O
A B D I E J F E L E Y X E P R
P C Z K T T Z O H B R Y R N Y
U R M Q C E S W O M Z Q F P G
D I D U B D S A F L V C K L H
M D D P B I A D O P I E R U C
K H S W R S T E O C X E A N N
R G Q R E A W K Z D T A H G U
P R E M I E R P A R K S S E C
Q F Q L D S R J H R Y A E C X
P E E R J J B E L C I K P W U
```

FERRIS WHEEL	GYRO LOOP	INKIE'S
LOOFF	PIER	PLUNGE
PREMIER PARKS	SEA DRAGON	SEASIDE
SHARK FRENZY	SIG ALERT EV	WEST COASTER

Tongva Park

```
Y W S A N T A M O N I C A K P
R N O Y T E E T D S B K G L S
V G M O R T Y U W L C X A X E
S M D P V O M J H A Q Y B T K
V O N I L E I R B A G D B F O
V E G Y M J K D I R V Y S T M
P R K I A O N I O E H C Q R S
V I U T M A G U Z J M G D A F
O N J H L A N L Y H I I K C O
I L C Q T D E X G G G F D I Y
O C E A N B R E E Z E Y X L A
J E A S N J C F R I P T Y B B
N I T Q C O Z Z O H T S V U K
K L J V B K E B Y A T U L P M
J P X H X D F J B G K R H K D
```

BAY OF SMOKES	CANOE	GABRIELINO
KIZH	LAND BACK	MORTY
OCEAN BREEZE	PLAYGROUND	PUBLIC ART
RUSTY FIG	SANTA MONICA	THREE AMIGOS

Mosaic Tile House

```
I  Z  X  J  L  C  A  E  R  X  J  B  B  K  R
N  H  O  P  T  Q  D  G  C  A  S  B  H  L  O
Z  F  H  B  E  X  L  U  F  R  O  L  O  C  L
W  M  H  W  B  C  T  S  E  L  I  T  M  C  O
N  X  O  Q  H  L  E  S  H  A  X  K  E  Q  C
A  K  Q  S  K  C  O  I  S  C  O  Q  V  M  A
R  T  O  Y  A  K  H  N  P  C  K  U  T  I  V
U  N  A  E  F  I  O  C  E  R  A  M  I  C  O
D  G  L  F  W  I  C  O  A  P  E  T  V  C  N
F  X  P  Z  T  X  T  S  S  F  U  T  Z  R  K
H  H  C  A  E  B  E  C  I  N  E  V  S  T  L
R  H  E  R  N  J  D  A  C  J  J  J  D  A  I
X  R  N  O  R  N  J  X  Z  X  M  F  G  F  M
C  P  Y  G  B  M  N  A  R  T  I  S  T  I  C
U  S  S  S  V  S  K  Q  F  T  C  G  X  W  D
```

ARTISTIC	CERAMIC	COLORFUL
CREATIONS	DURAN	HOME
MASTERPIECE	MOSAICS	NOVACOLOR
PANN	TILES	VENICE BEACH

California Coast Movies

```
O M U N J X N O I C L N Q V V
N G Z L L T H E H U S T L E R
I X Q J D W H V J S R K M Q I
S E K C I R E V A M A X S J N
A M G N I T S E H T U S F Q H
C A L I F O R N I A S P L I T
S G W E Z S R E C K T I L U Z
M S L K K W R R L H H Y W A Y
E Y O C Q H O E G O E V C R M
G L I D A U M I D Y O P U A M
T L M P P C E I N N N C G F H
U O B I Z D X K X U U J E D C
C M E X R X O A V K I O D H L
N R V A D F T P C T H H R L T
U L H Z F E D I R T I T E L S
```

CALIFORNIA SPLIT	THE COOLER	MAVERICK
CROUPIER	THE STING	ROUNDERS
LET IT RIDE	CASINO	THE HUSTLER
MOLLY'S GAME	HARD EIGHT	UNCUT GEMS

Venice Beach

```
U C T S T P A J L Z S P T J L
H A R T C R A W L J V Y X P R
C O D P N W F R G W Z O X A Q
P Y L L E P L Q U Y C A N D K
C E F I V R Z H X S B X B D X
B F Q S K L A W D R A O B L F
O H V L L A B T E E R T S E A
M U S C L E B E A C H Y V T D
S H A N D B A L L G Y X X E X
B R E A K D A N C I N G F N M
V B O D Y B U I L D E R S N W
T A T T O O P A R L O R S I X
D R U M C I R C L E Y R Q S O
P Z R E I P W E P M L M Z J A
M S O C L W H A L E R Q M L L
```

ART CRAWL	BOARDWALK	BODYBUILDERS
BREAKDANCING	DRUM CIRCLE	HANDBALL
MUSCLE BEACH	PADDLE TENNIS	PIER
STREETBALL	TATTOO PARLORS	WHALER

Venice Canals

```
U A T B L D S S E G D I R B D
E L S H S O K I N N E Y X U W
N G Y S O O F S N G L E C R G
R A L B H H E F D K B K W G Z
G E F Y S R A I E O S F K Q Z
L B Q V E O R T T L U B J S P
U L K N Z B E U W J B W V T I
A O E W T H I P S Z N L V P Q
O O J O M G S A L O D N O G M
C M O L C I F U V Q Y N A C X
C F Q K L E N O D A Q W I M K
U S M C W N S Y A W K L A W S
W K U S Y A W R E T A W L N G
S N O I T C E L F E R O C A I
D P R S I K X L K Q H U C E A
```

ALGAE BLOOM	BRIDGES	DUCKS
FOOT BRIDGE	GONDOLAS	KINNEY
LOFFEL BLOCK	NEIGHBORHOOD	REFLECTIONS
SERENE	WALKWAYS	WATERWAYS

The Museum of Jurassic Technology

```
S  U  V  K  P  V  M  Z  T  F  D  H  N  H  Y
Z  K  S  X  Y  K  R  I  U  Q  I  N  U  K  G
B  Z  K  O  G  W  Q  S  R  S  V  G  O  R  O
I  C  B  M  V  S  C  Z  B  E  F  F  A  J  L
M  I  C  R  O  M  O  S  A  I  C  S  L  R  O
D  R  Y  P  A  W  G  Y  Y  T  Y  E  Y  F  N
K  V  E  B  M  Q  I  I  P  I  V  B  X  V  H
R  I  A  L  G  G  R  L  J  D  U  V  H  H  C
C  T  R  B  I  R  B  P  S  D  A  E  S  K  E
Y  R  H  I  N  C  A  U  Q  O  E  M  I  C  T
D  I  I  R  E  L  N  S  B  B  N  Z  L  B  U
I  N  J  D  M  G  G  O  V  Q  P  H  M  A  K
U  E  J  S  N  O  I  T  A  V  R  E  S  E  R
E  S  X  C  D  L  N  G  Z  I  J  Z  C  D  N
L  F  U  N  U  S  U  A  L  G  X  V  S  V  F
```

BIRDS	DOGS	ENIGMA
MICROMOSAICS	ODDITIES	PALMS
QUIRKY	RESERVATION	TECHNOLOGY
UNUSUAL	VITRINES	WILSON

Los Angeles Music and Arts

```
O A P E T E R S E N A U T O R
Z K M N A J O M T O L Q O O E
L O C C R A H C O A V G M H T
I A T Q A E H Y P C O A O K N
V J B L E L T H L G L L C E E
F X O R S H I N A C L W A E C
Z M U A E L U Y E Y S Q C Q Y
Q O O C R A K S W C Y K E G T
N T I V T S T O L V C H Q P T
E D R A I B O A V M C I D H E
C L T H H D O H R H K V S M G
C J W J B R C L A P Y T L U E
C G C O D H W K G M I A R N M
T V W P D W L U R I G T Y T H
Q L L S S K I R B A L L S J S
```

GETTY CENTER	HOLLYWOOD BOWL	JANM
LABREA TARPITS	LACMA	LA PHIL
MOCA	MOLAA	MUSIC CENTER
PETERSEN AUTO	SKIRBALL	WHISKY A GO GO

Los Angeles Curiosities

```
R F I R E D E P T M U S E U M
K X B M S R F J G U W I H A S
G Y B A L E T I D C C F S I F
M R W N A R C Q L L X N E R M
A U A G N T E M B A I L T H L
F B T E A A M V R M T R T O P
A D T L C E A C A E H N E L D
C A S S E H F S L T K X N L A
W R T F C T F F U E A I O Y U
Q B O L I A O R C O U L I W B
K H W I N L K T O R T X R O A
Q Y E G E S L P N I N F A O W
A Q R H V X A R I T G D M D B
C I I T L L W R B E Q K G F I
S M F A O W O X K S A Z V I H
```

AIR HOLLYWOOD   ANGELS FLIGHT   BINOCULAR BLDG
BRADBURY   CAFAM   FIRE DEPT MUSEUM
LA THEATRE   MARIONETTES   UCLA METEORITES
VENICE CANALS   WALK OF FAME   WATTS TOWER

Los Angeles Food

```
M P X Z P G D Z V S F Z P L Q
S Z E H R Z Q P S J R R I X I
B Q A V M F F S S O U G D S N
U P M X K N P H O P I B H A N
T K H D F W K H H J T P C L O
E S E I R Y D D I D S A N T U
C H I C K E N K A F T A E A T
S G O D R E G N A D A Z R N P
D L B F S S W M B N N Z F D I
L R N Z T A C O S I D B E S K
X I W F S O Q M J T S Z P T T
V F U Y E K V T Y L Y W K R Y
I M A R T S A P S R E G N A L
T C L C M S O N W S K L X W W
J G I K O R E A N B B Q A S F
```

CHICKEN KAFTA	DANGER DOGS	DIDDY RIESE
FRENCH DIP	FRUIT STANDS	GCM
IN N OUT	KOREAN BBQ	LANGER'S PASTRAMI
PHO	SALT AND STRAW	TACOS

Los Angeles Sports

```
A  S  U  P  E  R  B  O  W  L  I  K  W  L  M
G  D  X  M  U  N  T  M  U  E  S  I  L  O  C
D  O  D  G  E  R  S  T  L  A  K  E  R  S  Q
X  Y  R  A  M  S  L  T  N  R  Z  T  D  O  O
D  J  C  L  I  P  P  E  R  S  C  Q  G  N  E
N  Z  D  Y  Z  T  Z  S  W  Y  T  A  O  M  S
B  O  V  X  Y  P  R  X  Y  Y  L  D  W  C  G
Z  S  H  S  K  U  K  I  Z  A  R  U  F  G  N
S  W  E  T  U  I  U  A  X  R  O  P  F  N  I
H  K  I  K  A  G  A  Y  S  Q  S  E  U  S  K
D  S  R  E  G  R  A  H  C  C  E  L  T  A  Z
H  O  T  A  U  F  A  N  J  H  B  H  S  X  W
Q  E  E  X  P  T  W  M  D  D  O  Q  J  R  B
O  Y  Q  P  I  S  K  O  A  L  W  Y  Y  E  F
M  O  U  B  X  B  Q  Y  J  L  L  N  D  J  Q
```

CHARGERS	CLIPPERS	COLISEUM
DODGERS	GALAXY	KINGS
LAKERS	LA MARATHON	RAMS
ROSE BOWL	SPARKS	SUPER BOWL I

Los Angeles History

```
O U W C X Y V E O G N U F Q J
G P E B N Z E V L A O J B U D
Q R Q O T L N P L L R T Y B S
P M S I H T O L I Z T H R F V
G P H P E R I A R A H K T I Q
J C I P B N T A B R R G S I N
U O P M L W C Q A P I N U N Y
L L B R A O U U C N D M D G G
S Y U K C T D E I E G A N O C
A M I G K A O D O T E V I L Y
T P L I C N R U R U Q G M D M
B I D J A I P C C Z U N L R J
Q C I T T H L T G L A O I U O
A S N L C C I U R P K T F S S
O N G K B Q O Y Y G E A A H X
```

ARPNET	CABRILLO	CHINATOWN
FILM INDUSTRY	GOLD RUSH	LA AQUEDUCT
NORTHRIDGE QUAKE	OIL PRODUCTION	OLYMPICS
SHIPBUILDING	THE BLACK CAT	TONGVA

La Brea Tar Pits and Museum

```
Q Y T X E M Y W F N Q N J T V
Y P G S P W H H C O F Y P J Y
W H P R H A X C D Q J Y E R R
J L E A E T A M I L C R I I V
H I A V L Q O O A C Q E S U O
X Q O K L E P M F F F V J F P
K R K S E N O N M O T O W Z W
B U H J E P O N W A S C W H B
C G E A W R I D T Q M S M V F
I Z T S H R U T O O I I I E U
V U L N J A A T U L L D D L D
Q S E E X C A V A T I O N N S
I B L A B R E A H E Z M G A D
G N I L B B U B K C R E S Y J
Y C E F C K J E G A E C I H P
```

BUBBLING	CLIMATE	CREATURES
DISCOVERY	EXCAVATION	FOSSILS
ICE AGE	LA BREA	LAKE PIT
MAMMOTHS	PALEONTOLOGY	SMILODON

The Magic Castle

```
X Q Y J F O B C S T O T B Y W
Z W J F L A R S E N E C D P B
Z A N W N H O L L Y W O O D K
S I I N H J S A Y N X G S V C
T N N Z W T H N N T D N N M Y
Q E E B H E I P A Q O F L L M
G F G A T R B C O I Q O N R M
U I I W Q C P Y S T C O Q Y E
F L T Q Y E W U C I R I S D G
K T S F N S L K C E U T G Q K
T H E Z N L V R B L E I U A H
U G R M I E E M L R E R J N M
N I P G C G E A Y B P K E O P
I N T R Q M N S B C I G A M R
P B S E B E S U O H B U L C J
```

CLUBHOUSE	HOLLYWOOD	ILLUSIONS
LANE	LARSEN	MAGIC
MAGICIANS	MEMBER ONLY	MYSTERY
NIGHTLIFE	PRESTIGE	SECRET

Universal Studios
Hollywood

```
U U I O X N W Z S I I D Q P F
R I O H C G O R F Z L S M F P
C S D A K W W S O R M H I G O
W B N Y G O A Y O A J R S Q Y
O C E A T O W W R G G R W I E
T D T B X E R T N O R P X J L
Y F N V I E R O P G U L D F M
J Q I Y T O K P M I O H I W M
H H N A M G I V F W T R N A E
X L W A N H U D E B O Q O P A
K L L I U F U R Q Z I L P X L
G G K Z W T L J D H D D L W L
J J V T O O M B Q M U K A C U
E D E L T S C W R V T N Y M J
S K R O W M A E R D S T R Q G
```

DINOPLAY	DREAMWORKS	FROG CHOIR
GLAMOR TRAMS	HIPPOGRIFF	KING KONG
LAEMMLE	LOT	LOWER LOT
NINTENDO	STUDIO TOUR	WATERWORLD

Hollywood

Match these famous Hollywood couples.

1. _____ Clark Gable   *A. GRACIE ALLEN*

2. _____ George Burns   *B. MARY PICKFORD*

3. _____ Greta Garbo   *C. DOLORES READE*

4. _____ Vivien Leigh   *D. LEW AYERS*

5. _____ Bob Hope   *E. JOHN GILBERT*

6. _____ Harpo Marx   *F. VIRGINIA CHERRILL*

7. _____ Ginger Rogers   *G. CAROLE LOMBARD*

8. _____ Cary Grant   *H. MONA GREENBERG*

9. _____ Douglas Fairbanks   *I. SUSAN FLEMING*

10. _____ Karl Malden   *J. LAURENCE OLIVIER*

Travel Town
Museum Foundation

```
I L D K G Y S L T B I P A L G
R H K A D Q B P O G W N I Y P
X U V E C X T Z G T O T D A W
N T Q Y Z A Z S E S T O Z H E
F Z U L E G I G K L K T D S T
T S L E R Y Y C E X O S O W L
S G Q B O Z I N D L A O E A E
X N S C G R U I U I G S R T J
R C D H E G N C R S B U C Q H
Q U V D G I A C N B E L Y T S
Q Y E E N L K O P G N P J B N
N R T G A X U L C I R R B O E
F C C K L A P I C I N U M B V
B A E W Q E M T U B P S K N K
R P A V N T H E T E N D E R I
```

BELYEA	DINING CAR	FREDERICKSON
HJELTE	LITTLE NUGGET	MUNICIPAL
SHAY	STYLE B	SURPLUS
THE TENDER	TOLUCA LAKE	ZERO

Autry Museum of the American West

```
V N O Y F S T C E J B O E H X
M F R O N T I E R S L Q Z H W
K A V O R E I N H O L Z O K I
Z R R X M O X A I N T F N N L
B J A I B W L J E O T X A O M
H R M P T M R D V R F T T I G
Q Y L D H U T A W B G N I T K
R R L B Y T A V W E X K V A C
G T L P Y N I L U G S T E N P
V U W O G O A F S U G T T T S
O A L A X Q P W F P L Q E S C
H E R E G T Q O F I A S M R J
Z N T V R A W E K C R C P I E
D E S E R U T C E L I G E F X
L G C O W B O Y S D A U V X G
```

COWBOYS	FIRST NATION	FRONTIERS
GENE AUTRY	GRIFFITH PARK	LECTURES
NATIVE	OBJECTS	OLD WEST
REINHOLZ	RITUAL SPACE	TOVAANGAR

102

Descanso Gardens

```
X G W J V T W S S F D G C N Y
J K M A S S U A K X J D A Z H
I H L A T E M S I Q I T Z D T
F J L G V H T R R Y U E F E N
F O O S L S Z T S R B X T S E
A S R E W O L F E O C X K C M
S E T E I M E I T N G S C A T
A E S M S H C A V E G Q J N N
I C F M F T N J A V M I T S A
L M J S P I U P E O G M V O H
L Y B O C C F D A Q A U T W C
E T R A N Q U I L R P K J M N
M L L A F C L J C S F D S Q E
A M S O D K W S Y U W O N R B
C D U R B A N O A S I S J O G
```

BOTANICAL	CAMELLIAS	DESCANSO
ENCHANTMENT	FLOWERS	FOREST
NATURE	OAKS	STROLL
TRANQUIL	URBAN OASIS	VIGNETTES

Gamble House

```
P G R H T A A K H A L B K T E
R Z R H U U P N Q F F D R G A
F L N E O K H L A Y S R B O K
F N A U E U K R S T Q U D C R
Y A K R L N S W H N N E E O
X Y M P U O E E Z G S A S S W
F E Z I R T D S A L A M I O D
F S L A L U C L R N B S G Y O
P Z F B T Y O E E N A T N O O
O H P S M W C D T T U F R R W
O A C N F A A R J I Z A P R N
Y S D J A S G J E L H R C A U
U D C D A D L F N S K C T L H
H L L P W A T F E W T T R C U
H E M W O U C J Z Z Y G O A Q
```

ARCHITECTURAL	ARROYO SECO	BUNGALOW
CRAFTSMAN	DESIGN	FAMILY CREST
GAMBLE	GREENES	HOUSE
PASADENA	USC STUDENTS	WOODWORK

Pasadena
Museum of History

```
R A A K K A T K C X N N L O N
G K G R O L E T U M E S M I T
K I Q E R Z E U R D V H T P Y
I B C M D O R P W K T R O A Q
F J G R C A Y A C V U S O L E
V E X C F R R O K C B M D O O
G D I W Z D W A S Q M T X H E
P W L H I F Y I P E S F B E Z
T V S A D K F Q Y E C H S I P
F E N Y E S N W P A S O L M X
C E K D O L U Z Z P N O K O F
C H S I N N I F K E T J R M U
X G D J T O A H V L H D S I K
U F Z A A P N E V R A J F T H
E I S B A B R E V A S C O T T
```

ARROYO SECO	BABSIE	CURTIN
EDWARDIAN	EVA SCOTT	FÉNYES
FINNISH	JÄRVENPÄÄ	PALOHEIMO
ROSE PARADE	TAKKA	TUPA

Norton Simon Museum

```
S  I  I  N  F  O  C  U  S  C  H  E  Y  E  R
C  S  A  E  V  E  D  N  A  M  A  D  A  J  D
U  I  Y  L  H  G  O  G  N  A  V  H  F  D  X
L  Y  K  M  R  D  C  F  A  D  F  C  F  D  X
P  T  V  D  L  O  H  R  A  W  G  C  H  N  Z
T  Q  Y  K  V  Q  I  H  J  F  W  P  I  O  Z
U  B  M  A  N  E  D  A  S  A  P  I  A  H  A
R  E  C  N  A  D  E  L  T  T  I  L  D  G  G
E  J  O  U  E  D  S  H  U  E  W  U  A  K  O
G  T  J  I  O  P  B  O  P  Z  J  C  J  V  S
A  L  P  D  H  Q  E  Q  R  L  G  I  Z  F  S
R  M  W  C  N  Q  J  D  J  M  A  P  L  T  A
D  M  E  M  A  S  T  E  R  W  O  R  K  S  C
E  K  Z  M  G  L  T  R  A  N  A  I  D  N  I
N  M  V  I  G  E  H  R  Y  P  F  L  S  Q  P
```

ADAM AND EVE	GEHRY	INDIAN ART
IN FOCUS	LITTLE DANCER	MASTERWORKS
PASADENA	PICASSO	SCHEYER
SCULPTURE GARDEN	VAN GOGH	WARHOL

Radio Stations of California

Match the radio station with its frequency.

1. ____ KCRW Public Radio   *A. 93.5*

2. ____ KROQ Alternative Rock   *B. 810*

3. ____ KISS Top 40   *C. 89.9*

4. ____ KLOS Classic Rock   *D. 102.7*

5. ____ KNX News/Talk   *E. 89.1*

6. ____ KDAY Classic Hip-Hop   *F. 97.7*

7. ____ KJLH Urban Adult Contemporary   *G. 106.7*

8. ____ KFOG Adult Album Alternative   *H. 102.3*

9. ____ KCRW Public Radio   *I. 1070*

10. ____ KGO News   *J. 95.5*

The Broad

```
Y E D N F N P A K G I F D Z S
A X A C I R E M A N U S N R T
G H O Y L U U S X A E L O L C
E I W N Q Z U I N M U R U Y Q
G B V A G Z P E O K R A S A Q
A I F O E O G H P I V L Q J F
R T Q L S P B F M D U D G W T
O S L T C K R Y N W A J N Z J
T P W B L E T A E Y N U H L Z
S A H E E I L S L X Q Q E J I
R C F S N I B I V T T W Y S W
L E Y I E E G X U K D N L C O
E D F V Q H C F R V S L E G L
P N H T T E B V F C W Y R J W
I K Q Z S E I R E L L A G E J
```

DAYLIGHT	EXHIBIT SPACE	FREE
GALLERIES	HEYLER	INFINITY MIRRORS
KB HOME	LOAN	POSTWAR
STORAGE	SUNAMERICA	VEIL AND VAULT

Japanese American National Museum

```
S  E  M  I  J  F  T  C  W  R  Q  W  T  D  Z
T  V  N  Q  B  P  F  T  J  M  B  D  W  A  H
K  C  A  M  A  N  C  H  B  K  E  R  D  J  G
A  S  J  N  T  J  X  M  E  E  Y  F  C  L  F
J  H  N  B  A  V  U  C  R  W  T  R  H  D  J
I  M  I  P  B  S  E  B  F  W  I  J  M  U  Z
V  P  E  N  O  K  S  S  H  N  N  R  S  E  S
D  T  K  I  S  S  E  I  T  S  G  E  E  G  V
Z  E  K  X  I  J  N  E  Q  T  I  E  Z  T  K
Y  Z  I  M  H  E  R  P  M  B  D  T  T  A  H
W  E  N  B  L  N  O  U  R  P  P  N  R  F  K
G  N  H  P  M  N  I  S  E  I  B  U  P  F  C
Q  R  M  E  V  Z  R  W  V  K  I  L  R  K  X
G  E  N  E  R  A  T  I  O  N  S  O  F  Y  Y
T  T  W  J  G  C  G  A  I  G  N  V  R  A  H
```

DIGNITY	GENERATIONS	INTERNMENT
ISSEI	JANM	KAJI
MISS BREED	NIKKEI	NISEI
OBATA	TEMPLE	VOLUNTEER

109

The Last Bookstore

```
R Y B M B X Y J F J R V Y S W
E T W O S T O R I E S X K G T
A I B R V S T K J E C O C N W
D K Y O L B V W A M O F O B S
I L L Z O E S L N B B S B R C
N C E J X K H D E E H Y U G D
G L T P Y B T R R E B A N K W
H V L J B H A U L O C R S I X
C R T F B R T V N O C N A W F
E T X S W A E K M N C E K E V
J W L Q R S P I Z P E Q R D S
Z Q W E R E C N E P S L T G K
R M T U M S W T W B V K E M Q
H I O S F A A M D E Y N Q B E
L S O P Y S A T N A F C T U L
```

BANK	BOOK TUNNEL	COMICS
FANTASY	LITERATURE	RARE BOOKS
READING	RECORDS	SHELVES
SPENCER	TWO STORIES	YARN

California
African American Museum

```
U L O Q Y U F M N A Q N O U R
K Q L Z P S C A A M A F U U E
R P A Y A W M C C V T U T O G
U E K F Z L O G I M C V E Z N
H O Y X R J F M R O T S R Y I
X L Y P C I F S E E A M B L S
D L G D N A C F M E C B R L S
F E C H O O U A A I P E I X A
P R O B Y B B Q N U T T D Q H
X R U X H A G Q A S W H G M Z
R U E F V R H N C J F U E L U
H B H R B T P R I B V N F N H
P E E L T H T O R V S E Y O L
J F J N F E M E F M I O K Z S
K Q Z D O O W Y A H J L L L Y J
```

AFRICAN	AFRICAN AMERICAN	BARTHÉ
BETHUNE	BURRELL	CAAM
HASSINGER	HAYWOOD	LIVING BODY
OUTERBRIDGE	PROBY	STORM

111

Watts Towers

```
S U N V E C X Q F A M H Y Y Y
T H S R E W O T Y D Y H A T N
J I E L J Q L O H S E O P I U
Q L Q L L M M V I I X B N N B
N X G R L V D M C J Z K S U Z
R G Z N I S O C I L E X X M X
T V I L U N S F A J O A O M U
A N W I R E M E S H I R N O H
T T J O S W S A O D A W F C M
P Q D S K Y Y T M C O C U S D
D I A N L L M T R T V W L T M
A L O L B E U P R O D P V T I
C G F G K U Q U R M Z R S A M
I Y R M N V O I A Z U T Q W Q
Y O L M O R T A R T K Z Y D N
```

CLASSES	MORTAR	MOSAIC
NUESTRO	OUR TOWN	PUEBLO
SAM	SHELLS	SIMON RODIA
TOWERS	WATTS COMMUNITY	WIRE MESH

The Donut Hole

```
S E S A S F Z D E A B A G J Y
M W D Z H A T P F S C Y E M L
S B E F S R C K M T T M E R A
U S W E C M V G E H S A K R J
O S Y D T N M T E I U U E W E
I G L A Z E N T L Q A W U R N
C T W L W E R O D R A G N E T
I F E W U R B R V O G H F A R
L O N P P M I O F E Q H W T G
E Z A Q Y V S X G S Y W V V T
D L D S E T N A P Y S E U H D
K B K T T A N O S T A L G I A
F W H K I V J L W Q Z G D B T
C R P L O K C U L D O O G R Y
U H O R T E R N B Z R U J T L
```

DELICIOUS	DRAGNET	DRIVE-THRU
GLAZE	GOOD LUCK	LA PUENTE
NEWLYWEDS	NOSTALGIA	RETRO
SWEET	SYMBOLISM	TREATS

Mitla Cafe

Unscramble the facts about this iconic Route 66 restaurant

1. ____ Mitla Cafe was started in 1937 by this woman and her then husband, Vincent Montaño.

CILUA GRUDOREZI

2. ____ Many famous celebrities have been served, including this famous civil rights leader, who held meetings here.

SARCE VCHZEA

NAS NDIORRAEBN

3. ____ This restaurant has served as a vital hub for the Mexican American community in what California city?

CTAO LBEL

4. ____ American hard-shell tacos were invented here, and one frequent customer and across-the-street hot-dog-stand owner went on to establish this chain.

GDGTNESREAIOE

5. ____ It played an indirect role in this public school movement.

LSROTITLA

6. ____ Many people go there for these freshly made staples.

Mission Inn Museum

```
E D Y V B N T D F E J J I F K
H A N D S O N D D Z R V V F F
L E P A H C S I C N A R F T S
B S C W H X S D N U U S V J M
M G J O P R S I T O O B Y J T
I N B Z E R K W Y R I Z L E O
L I R V F T E I O L A S D N O
L W I R H A A S S K D V S C B
E R F E O F L C I T C T E I B
R U G B T X H O R D R C D L M
O O K L W V A N K T E E B K S
Y F D D K P O S I P S N B G I
S S A T S F B I C A B H T O B
A R N K C R P N Q S M C D S R
R S T C A F I T R A C D Y O D
```

ARTIFACTS	FOUR WINGS	HANDS ON
MILLER	MISSION INN	PRESIDENTS
RIVERSIDE	ROBERTS	SPA
ST. FRANCIS CHAPEL	TRAVELS	WISCONSIN

Castle Park

```
O  I  O  E  G  K  Z  Q  G  Y  Z  Q  Q  E  F
M  W  L  J  P  K  V  Q  H  M  N  F  Y  L  Y
Z  S  H  U  Z  H  C  D  D  B  K  P  Y  L  L
W  Z  M  I  G  N  U  P  V  I  E  I  L  N  L
X  H  O  C  P  B  E  E  N  W  N  A  B  D  A
S  U  R  I  X  B  E  G  I  G  B  F  B  B  S
P  R  U  M  M  S  S  L  S  E  R  U  W  A  G
A  L  K  C  S  C  D  A  R  E  M  A  G  K  E
C  B  H  A  R  M  U  I  L  P  C  L  N  Y  E
E  U  L  O  O  C  F  B  E  Z  A  A  D  T  C
S  T  W  U  E  S  M  R  C  W  F  T  L  G  X
H  N  S  R  X  A  C  C  A  W  A  X  G  A  S
I  E  S  D  R  A  G  O  N  F  L  Y  E  R  P
P  G  G  C  R  A  N  X  N  O  S  Z  R  B  X
S  M  S  S  G  D  U  Z  B  L  I  J  X  P  B
```

BUMPER CARS	DRAGON FLYER	FIREBALL
FLYING SAUCER	HURLBUT	KINGS CROWN
PALACE	SALLY	SCRAMBLER
SPACESHIPS	WHIP	WILD MOUSE

Richard Nixon
Library & Museum

```
G U L F B X E Z E Q N I E R U
Q Y E A S T R O O M Z C R V O
X S V F F V G Q Z G I N C N M
P A T N I X O N N F G E G E B
K B Z W J K W I F U T A B C R
M U T W W G K O T A R E L P P
F R N T M A L R G C I N S I O
G I E I E A G R H J C I H B I
C A D S V H E I H O M S F O V
G L I O F T V E R E R U O N J
G S S C A E D F F E U O I X H
A M E W I G T L D D U M Y C B
B I R T H P L A C E E I Y V A
I L P P T G E U V C D L I B Q
U L Z Z R L L H J X T L A S X
```

ARCHIVE	BIRTHPLACE	BURIAL
EAST ROOM	LEADERSHIP	LIMOUSINE
OVAL OFFICE	PAT NIXON	PRESIDENT
SALT	SEA KING	WATERGATE

Disney
California Adventure Park

```
J A I M A G I N E E R S X C B
V P U S Q K V C T F J T Q X V
P P H R Y H P E Z N E D L O G
Z I S I J E S S I E I D R C T
Z T X L L R R B F O K N S G T
K R T A F H T C Y T N R D R T
L H O T R F A K O G P B N I R
A D B S E H O R D U A R A Z A
T L S I W S L J M Q I Y L Z C
E Y J V N F M S Z A D V S L D
L C M A V T T A A S G Q R Y E
T L R N H Z P E R V R I A P R
R F B E B T B Z T V O U C E M
U M W U D S H S U M E T P A R
T O P B C G O T G Y I L P K G
```

BUENA VISTA	CARS LAND	FRANSOKYO
GOLDEN ZEPHYR	GRIZZLY PEAK	IMAGINEERS
JESSIE	MARVEL	PHILHARMAGIC
PIXAR	RED CAR	TURTLE TALK

Huell Howser Archives at Chapman University

```
C C D F M P Z Y D Q C Y F J J
M U X S R Q G J Q L Y J D L Z
B B B L E E V A D Z K P Y C B
E D Z J V I S I T I N G P V N
A X A Y C Y R W D I S X T S A
R U P I R M U O O E Y V M W M
C N P L R A H D T H O E M L P
H I B U O V T P T S O H A J A
I V Y R S R Y N U F F M V E H
V E X C U Y A F E L X Q T O C
E R P E S J J T K M V E W R G
S S G W V N U Q I T U D A I O
I I A B F B G H E O Y C X U Q
A T N I G P B I V O N W O S V
M Y L T T U R E V O C S I D M
```

ARCHIVES	CHAPMAN	DISCOVER
DOCUMENTARY	EXPLORATION	HOST
HOWDY	HOWSER	STORIES
UNIVERSITY	VIDEO	VISITING

Bowers Museum

```
W Z E C A C S O O K R G Z B A
V V P O T E P H T G S N O Z D
G S A S R Y I T Q G B I M Y A
T B C T A T R A B M M V O T D
I A I U S L I I X P O R I N N
B S F M U H T N N K T A T U A
I K I E O Q M A O I T C J O S
H E C S N M A E F D F E Q C E
X T R M E I S C P S A N B E L
E R I Q G D K O H E H O P G R
A Y M I I E S B Z U S T W N A
N W S W D Y C T V M G S W A H
I H G F N Z L F R O F M C R C
H C K M I N O E G O Y E Z O N
C T W Y J U N O Q G D G I D Z
```

BASKETRY	CHARLES AND ADA	CHINA EXHIBIT
COSTUMES	GEMSTONE CARVING	INDIGENOUS ART
KIDSEUM	OCEANIA	ORANGECOUNTY
PACIFIC RIM	SHAFT TOMBS	SPIRIT MASKS

120

Adventure City

```
T P Q H O B B Y C I T Y U S I
B R U S T A N T O N A P R F N
A E T B B Y C T Z R K E X Z P
R M E N O Z P O R D C T K L S
E R A W A D L O T A X T E L M
U O F Y Y N K M R J M I L O A
A T W O E M G D C K T N T R L
L S J D S G N R K N T G B N L
T N N C F I A C N L D F X K E
S R E V W Z S S J P B A C N S
R A D E Y C W T G K O R T A T
E B R B T C F O D Q R M H R W
G Q U Y B A L L O O N R A C E
L S U R O W H T U Z Z E S V S
M F G I G G L E W H E E L J T
```

BALLOON RACE	BARNSTORMER	CRANK 'N' ROLL
CRAZY BUS	DROP ZONE	GERSTLAUER
GIGGLE WHEEL	HOBBY CITY	PETTING FARM
REWIND RACERS	SMALLEST	STANTON

Knott's Berry Farm

```
Y Y O Z R A U G A J X V M C A
K R A P A N E U B D R R Y Q N
R G M M L N G S Z V I C B S L
O H S P E E R Y F V N E I I O
T O M S O L S P I N O L U F W
A S P W W K O Q Y G V S S E S
R T Y K O P W I W E G B K U J
E R A T Q D C O R Z N C U Q G
L I L N I N E B E I L K N O V
E D L A O C U B D Z J H C G V
C E G B G L K E T W A L T E R
X R S S L H D A H D B P H H X
F R D E K V E N O R S J B M L
B D T R E K C U M S O P R F A
E H Z V W E M I T G N A H K A
```

BUENA PARK	GHOSTRIDER	HANGTIME
JAGUAR!	SILVER BULLET	SMUCKER
SOAK CITY	SOL SPIN	SPEER
VON KLIEBEN	WALTER	XCELERATOR

Rancho Los Alamitos

```
S E T U H K K W Y G G G H P L
M S N C J K V S N A W A M E O
Y O O S O X M O R K C A S C S
Z H T J D O C X Z I Y U D Q C
P C E S U O I L E J O R X Z O
I N I K V A O N I H A G Z Y Y
O A N S Q J D W H Y L A Q B O
N R G Z Z A B C N W S I H X T
E T M A J L N R A O O P P I E
E C M O M A A R Y X T W P B S
R N V Y R B X C K O I T N R S
H A G N N U U V O P M K O N D
O I M B M I M F L N A N D C K
M D Q Z J O U E J F L J F O A
E Y K W D C T F J N A S E A Y
```

ALAMITOS	BARNYARD	BIXBY
COTTONWOODS	HACIENDA	LOS COYOTES
NIETO	OIL	PIONEER HOME
POVUUN'NGA	RANCH HOUSE	RANCHOS

Museum of Latin American Art

```
Q K N K D W E L D Q S K N A D
P X C A N H H Y Z P E P K K F
T K U C R V I I G A H E S R M
K L G H E D K Z L J G Q A E H
U M Z Y D J C D C A G A G N R
R R B X O N L Z L R L S A I L
R L H Q M L O L C O K O W B C
T O W I N N I I M A V K T M J
P F F H I V N F T M J H S U U
N L I T T A I E W C I H G G T
E L A S P K R X O Z E I V P U
S L A S T S T A N Q B L R D P
O E I C P M L I F A O B L A B
R H Y G Q Q C E U I O P Q O V
O T S H I P P O D R O M E Z C
```

BALBOA FILM	COLLECTION	EAST VILLAGE
GUMBINER	HIPPODROME	HISPANIC
LATINO	MODERN	MOLAA
PÁJARO	ROSEN	SKATERS

Aquarium of the Pacific

```
O  P  A  C  I  F  I  C  V  I  S  I  O  N  S
L  K  R  E  T  N  E  C  E  R  A  C  A  B  D
U  R  L  N  S  S  S  B  O  T  N  M  T  W  Q
Z  A  O  L  D  L  Z  M  M  O  R  F  S  O  N
K  I  R  I  R  E  B  R  S  U  E  T  E  L  L
A  N  I  Y  S  N  E  O  E  C  V  I  R  C  Q
Z  B  K  Q  R  C  T  C  I  H  A  L  O  D  N
Z  O  E  Y  E  O  A  O  L  S  C  M  F  V  D
P  W  E  O  T  U  H  N  L  H  E  A  P  W  H
P  H  T  T  T  N  H  F  E  A  U  S  L  A  W
A  A  S  A  O  T  W  A  J  R  L  A  E  V  Z
L  R  X  I  A  E  V  W  A  K  B  N  K  N  M
A  B  E  Z  E  R  Z  W  E  S  E  L  W  C  H
U  O  J  I  S  S  Q  U  S  I  R  X  N  V  A
H  R  G  I  A  N  T  O  C  T  O  P  U  S  R
```

BLUE CAVERN	CARE CENTER	ENCOUNTERS
GIANT OCTOPUS	KELP FOREST	LORIKEETS
PACIFIC VISIONS	PALAU	RAINBOW HARBOR
SEA JELLIES	SEA OTTERS	TOUCH SHARKS

The Queen Mary

```
I C O N I C O I E H N E D M V
P C J Y W O V R I H I F V I Y
P I I Q U E E N M A R Y M L E
D I H T V D U L C Y N E O H N
B K H S N Y R U X U L N C L X
G A O S E A P A B S G F E Y K
O L Q T P H L J N B K T A D N
Y T N P M O W T E U O N N B G
F C O B P Y O A A S C A L U M
E T Y X F D C R R S H P I Q R
O Q L W H H J T T T N B N Z G
Q J T O H I H V S Q D A E N V
F G U Z K E M F N L F E R Q O
T T M A R I T I M E X X C T J
Y H O W O R L D W A R I I O X
```

ART DECO	CUNARD	ICONIC
LONG BEACH	LUXURY	MARITIME
OCEAN LINER	QUEEN MARY	SHIP
TRANSATLANTIC	TROOP SHIP	WORLD WAR II

Sherman Library & Gardens

```
W  T  Y  K  P  X  U  U  J  O  V  M  Y  L  G
A  V  S  T  N  E  L  U  C  C  U  S  K  L  L
O  A  M  O  T  T  O  R  G  N  R  E  F  E  D
N  A  M  R  E  H  S  H  S  E  S  O  M  K  C
C  E  E  R  T  R  E  P  P  E  P  Z  A  S  P
G  P  F  O  K  B  I  R  F  W  T  K  I  A  B
Z  G  S  P  L  E  I  N  A  I  R  T  K  H  Q
L  K  D  E  J  K  S  M  Z  U  N  K  O  B  T
Y  C  E  S  U  O  H  E  B  O  D  A  N  B  B
X  H  S  A  E  T  N  O  O  N  R  E  T  F  A
S  A  R  N  O  L  D  D  H  A  S  K  E  L  L
Z  C  P  A  L  M  T  R  E  E  S  A  M  F  R
F  N  U  X  W  M  Y  B  Y  U  Z  Y  B  S  L
J  N  V  Q  A  O  R  C  H  I  D  S  R  C  V
S  K  O  O  B  Y  R  O  T  S  I  H  D  I  A
```

ADOBE HOUSE	AFTERNOON TEA	ARNOLD D HASKELL
FERN GROTTO	HASKELL	HISTORY BOOKS
MOSESH SHERMAN	ORCHIDS	PALM TREES
PEPPER TREE	PLEIN AIR	SUCCULENTS

Laguna Art Museum

```
E  B  B  S  S  H  D  E  E  A  A  B  L  T  F
D  N  M  Y  F  G  L  Q  X  Q  P  C  Z  N  N
C  N  F  F  R  D  N  T  Y  H  Z  V  T  B  Y
O  O  X  N  T  E  P  I  N  N  I  K  M  K  H
R  M  N  K  P  B  L  W  T  B  T  B  F  P  T
O  D  L  T  D  K  U  L  F  N  Q  Z  I  A  B
P  A  Y  N  E  E  Q  M  A  T  I  X  F  T  O
I  T  V  D  A  M  S  S  P  G  P  A  T  N  S
V  R  F  O  O  R  P  E  R  I  F  Z  P  U  I
A  A  H  X  B  V  T  O  J  O  K  U  A  H  D
R  E  X  Q  G  O  C  W  R  J  W  E  C  T  X
Q  T  Q  V  Z  L  P  R  A  A  K  K  I  H  O
S  A  M  C  I  P  Z  S  J  L  R  P  F  V  A
S  T  X  F  G  G  C  X  X  K  K  Y  I  C  M
K  S  F  B  C  X  E  O  N  F  O  S  C  Q  M
```

ART WALKS	CLIFF	CONTEMPORARY
EXHIBITS	FIREPROOF	GALLERY
HUNT	LBAA	PACIFIC
PAINTINGS	PAYNE	STATE ART

Mission San Juan Capistrano

```
J C L H R D X F B Y Z P Z H I
V F H N E M E H C A J C A M T
B L U I O Y B G S C H I L E M
E R T J N T W W A F X K H I K
L N E E J I O Y M L K Z S Y Q
L X A P O L G N N G L S R Q C
T M E C L F S C N T I O G Q A
O I K A S B I H H O A V I N F
W M W I N I O L N I F R E R B
E S W U E J C A O Y N L R K C
R I W L T O R N Q B A I C E K
T N L N Z I M H A D E G C Y S
Z D I Y E A J F G R P J M H X
B A D S F J Q A Z K F U O X K
S S F V A U M M U K Y D F N D
```

ACJACHEMEN	BELL TOWER	CHILE
CHINIGCHINICH	CRIOLLA	FRANCISCAN
MAGDALENA	MISSIONARIES	SAINT JOHN
SERRA	SWALLOWS	TEÓFILO

Legoland California

```
N R B Q L G F U Y C C J T S T
P L V I S T M Y Z E U X A M W
Z S K R W E A J L P K P I A E
L H E A R T L A K E U A N G I
X L I L M R T S R M D L B E T
L W I H F Y E E Y I O I Y N Z
S N K W R A W L N L O F H N U
K U T I L O P O V T W E U W I
C C A I P L V R V K V Z V O B
O F F D O A W T R Y X O N T J
L E I J L V L A P Z P N M N A
B K K L P C C P I M A E O U H
I N E E U N Z Y Q M Z X C F M
V Y A G D X O K U E T M B A Y
B C B O T S E S Z H A O W W X
```

BLOCKS	DINO VALLEY	DUPLO
FAIRY TALE	FUN TOWN	HEARTLAKE
KID POWER	LEGO	LIFE ZONE
MERLIN	SEA LIFE	SKY PATROL

California Songs

Match the first line of these California songs to the correct artist.

1. "All the leaves are brown and the sky is gray"

    A. WILCO AND BILLY BRAGG

2. "On a dark desert highway, cool wind in my hair"

    B. THE BEACH BOYS

3. "California love!"

    C. THE EAGLES

4. "Spent my days with a woman unkind, smoked my stuff and drank all my wine"

    D. KATY PERRY FEATURING SNOOP DOGG

5. "Well, East Coast girls are hip, I really dig those styles they wear"

    E. LED ZEPPELIN

6. "Greetings, loved ones, let's take a journey"

    F. RANDY NEWMAN

7. "I'm out on the street and I'm feeling fine"

    G. LESLEY GORE

8. "Well, I'm going out west where I belong"

    H. THE MAMAS & THE PAPAS

9. "The evenings are cool and I'm a fool"

    I. DR. DRE

10. "Hate New York City, it's cold and it's damp"

    J. THE RIVIERAS

Green Dragon Tavern

```
S O A T Y P E F U K O R R G Q
L X U I I D S O D C L E V K E
R L T S B H U U O O E V A A S
E R O O K N O N O C E O C L S
X E G N Y C H D F N F L I D H
O S R S C O C I D A N U L E P
J T A O M L I N L H R T P J E
O A P F B O L G R N E I E Q O
Q U H L A N B F O H V O R E F
E R S I L I U A W O A N N F C
U A P B L A P T D J T P O D K
C N I E R L G H L N E Q T M S
N T T R O N F E O L Y V S Q C
W T O T O Q H R S R A H O Z D
B O Q Y M N J S E A W W B M C
```

AUTOGRAPHS	BALLROOM	BOSTON REPLICA
COLONIAL	FOUNDING FATHERS	JOHN HANCOCK
OLD WORLD FOOD	PUBLIC HOUSE	RESTAURANT
REVOLUTION	SONS OF LIBERTY	TAVERN FEEL

Salk Institute for Biological Studies

```
U R Z A V I E R E N D E E L R
S S B D K L L I A C A N Z Y N
X T P P H Q M N X Q K H L G I
Y O M N O P X L R L Y A R O N
R G U S U Z A E A C S K R L N
E I O P Q Z Z S P Q C X E O O
S Z S L F G S O C S I F M I V
E X I U O A A D L X T G C B A
A F L R N N V Y Q A E T S X T
R E F O P B U P Y O N C M F I
C X J U G L G M G I E I Z V O
H C D M I F E C M P G N C I N
O R M M B I P B E I L J T R I
C D R A Y T R U O C I F R R K
N E U R O S C I E N C E M O R
```

BIOLOGY	COURTYARD	GENETICS
IMMUNOLOGY	INNOVATION	JONAS SALK
KAHN	NEUROSCIENCE	NOBEL PRIZE
POZZOLANIC	RESEARCH	VIERENDEEL

Sunny Jim Cave

```
Q M R E H P O S O L I H P Z I
S U C S O D Y L A J O L L A T
P E G M G S I S Q W U Z S T S
W C S U F G G W A O C V H T I
P E G H M M T F S W X R E J R
S R P C E X P L O R E R L D U
M E A O L Z D A G W Y R L P O
M A S E T I T C A L A T S D T
D L K L X P F Y S Q C H H E V
W J U H R T I F E F V K O J M
V H Q Z W Y F P S K U P P U U
S U T C O Y Z Q Y I S S W J A
K A N T A Q A L M P D I X V B
P U O P P P M F O H Q E H T B
R I S E A C A V E I E L J W V
```

BAUM	CEREAL	CLIFFSIDE
EXPLORER	LA JOLLA	PHILOSOPHER
SEA CAVE	SHELL SHOP	SHULTZ
STALACTITES	TOURIST	WHISKEY

San Diego, California

```
T U N A C A P I T A L R H S Y
M G U R U Q C U C S K W G S O
I V K J S E A V I R H T M D S
S P R N S Y B R R I C S E K A
S H H I M X R M T A D O B S N
I D X K I Z I U S F N A G U D
O S M R D R L S I S C E T C I
N E W A W Z L E D D X K H A E
B R E P A I O U P L M U Y D G
A D T A Y Z S M M R T M Z I O
Y A D O S W T O A O Q E I D Z
Y P S B X D A F L W W Y Q O O
E C O L C P T A S L N A H I O
J Y F A S O U R A M I A J U Z
X O R B J F E T G R D Y M R X
```

BALBOA PARK	CABRILLO STATUE	DIDACUS
GASLAMP DISTRICT	KUMEYAAY	MISSION BAY
MUSEUM OF ART	PADRES	SAN DIEGO ZOO
TUNA CAPITAL	USS MIDWAY	WORLD'S FAIRS

Belmont Park

```
W M O C T O T R O N Z L T Z Z
L G Y O H O E D I M J V V H S
A P G S Z W S H N K Y H M C T
Z J O C G S Q B Y A O I P H R
E L L R P I K Z W G S L E V G
R K O B D S A D N S Z P Y X U
M C P C T C E N I Y L W K B G
A V A O H E I O T U X F B U O
Z K C P P T N M N D Z L B H Q
E Y S S J B E G V J I I J W D
J C E X E A E F A O U P K C D
T Y C A A W N M E Q Z O P B U
P A C I F I C A D L V U O E Z
L H H J G H U Q G Q D T K W R
V C L Y T I V A R G O R E Z B
```

ESCAPOLOGY	FLIP OUT	GIANT DIPPER
LAZER MAZE	LOCHTEFELD	MIC DROP
MISSION BEACH	OCTOTRON	PACIFICA
SPEEDWAY	THE PLUNGE	ZERO GRAVITY

SeaWorld San Diego

```
Z  L  E  B  M  S  J  W  L  V  F  J  U  H  T
Z  W  Y  L  A  A  M  W  E  E  A  L  R  J  F
W  I  C  C  B  M  A  N  T  A  T  V  B  G  M
X  T  R  J  F  R  I  C  N  I  E  R  E  Q  N
H  O  M  H  Q  G  L  Z  V  Z  R  L  I  O  C
G  R  E  N  X  S  Q  E  S  K  E  Q  X  Z  H
R  J  J  X  E  J  A  R  Y  C  I  Z  O  Y  C
W  E  D  Q  Y  K  Y  A  T  W  Y  D  P  A  N
L  U  W  I  L  D  A  R  C  T  I  C  N  R  O
T  C  A  O  E  G  I  R  M  A  K  O  K  A  I
T  S  Z  K  T  C  T  Q  K  P  W  T  K  X  L
H  E  P  Z  E  Y  T  D  Q  G  T  W  K  X  A
O  R  Z  E  Y  Z  K  U  M  I  L  L  A  Y  E
P  L  L  T  H  G  E  S  U  B  Y  L  Z  R  S
O  A  C  N  I  H  P  L  O  D  A  W  I  E  L
```

DOLPHIN	ELECTRIC EEL	KRAKEN
MAKO	MANTA	MILLAY
ORCA	RAY	RESCUE JR.
SEA LION	SKYTOWER	WILD ARCTIC

Old Town San Diego State Historic Park

```
H G O A D O I D I S E R P F I
Z P T P C A L I F O R N I O O
Y E V C F B F U R Y X W E J L
A R T W H A L E Y H O U S E K
A I E G W Y J A N P K W P T K
Y O Q E L G R P C B R M X E H
E D D A N C V Y N K U Y G G M
M A D E E A Y A H Q S R N U S
U T C B Y C C I V D R M R W Y
K T C A V I W T Z R N Y I O Z
S I Y P X A G Z O W R R G T S
U R I E D P Q U E R K H Z X H
V E M O Z A F Y D H S R U T H
A X B T N E M E L T T E S C Y
R E O T M U S I C L R A W C Z
```

ADOBE	BLACKSMITH	BURROS
CALIFORNIO	KUMEYAAY	MEXICAN
MUSIC	PERIOD ATTIRE	PRESIDIO
REENACTORS	SETTLEMENT	WHALEY HOUSE

Balboa Park

```
E T S V S M D T S Q O S N F L
O S N N B C N M O E K B D T S
I W E C J N A E Z R Z S J H F
V A D Q S Z C R A T E Q A O Y
S T R Q P Z O P O C Y K O C H
G A A C S U G R N U E O O Z O
T N G C H O O A O S S M B G Z
Z M R J D I M I P G I E E M Q
Y Y G Q R R T E B C A I L V E
X T L H O F A E C H D R H R H
Z U U F W R E O C N O Y D F J
W A R T E L N S A T Z L J E U
C E Y R C R H S R P U J V U N
P B X I J S B U R S E R Z E C
O L D N Q W R S U Z K N E S V
```

ARCHITECTURE	BEAUTY	CAROUSEL
COMIC-CON	DOG PARKS	EL CID
GARDENS	PERFORMANCES	SAN DIEGO
SHAKESPEARE	ZOO	ZORO GARDEN

Chicano Park

```
Z Q H S O D A N O R O C N I O
F G J C M G Y F A S L A R U M
R E D I R W O L Z G G Q R P R
M N B Z K D O W T O K N Q Y B
G G U R U O R C L R D S O X T
S M R I O R E O A D F M K M I
U S Z B S W I P N M S U O A X
M I R O E R N X F C B R N Y C
D V L T R X L B A D F A A A P
A I T A G F O C E Q V L C N G
S T B U O G T O I R Q I I G L
M C L L E U T F Z I E S H U B
L A T P S G R X X K M T C Q I
P V J W C T G D C F F S I Y Z
F Z K N X B G G N Z K J G S L
```

ACTIVISM	AZTLÁN	BARRIO LOGAN
BROWN BERET	CACTUS	CHICANO
CORONADO	LOWRIDER	MAYAN
MURALISTS	MURALS	SOLIS

Famous California Artists

Unscramble the names of these famous California artists.

1. _____ A cartoonist, writer, and cultural commentator known for his comic strip "La Cucaracha," which tackles issues related to Latino culture and politics

OLAL CALZARA

2. _____ This artist is known for starring roles in films such as *Frida*, *Desperado*, and *From Dusk Till Dawn*.

MALAS KYHEA

3. _____ An actor and artist known for roles in films such as *Zorba the Greek* and *Lawrence of Arabia*. This celebrity was one of the first Mexican American actors to achieve widespread acclaim in Hollywood.

HOTNYNA NIQUN

4. _____ Known as the "Father of Chicano Music," this musician was a singer, songwriter, and guitarist who pioneered the blending of Mexican music with jazz, swing, and R&B influences.

ALOL REEGUROR

5. _____ *Canciones de Mi Padre* (Spanish for Songs of My Father, or My Father's Songs) is this singer's first album of traditional Mexican Mariachi music.

DANIL SNORDTAT

6. _____ A painter and muralist whose work often explores themes of feminism, identity, and social justice. Hernández's murals can be found throughout California, including in Los Angeles and the San Francisco Bay Area.

TIDJEUH ADENZRHEN

Slab City

```
F N W O H S T N E L A T G B E
G H N T M N O I T A V L A S X
V E G N A R E H T M A T Y H S
W K U X Q F G Y R W F R P N D
E C Y C A M P D U N L A P E R
A I T J L H D G Z H Y A J D I
S A L P S M V O G W C I O R B
T D N Q K M A D H D S D W A W
J O P M F W P I H L R E J G O
E B G T M O M S Y N E M Q T N
S E S R E V E L B I B D I R S
U C C U C V A O O V B E U A D
S L G R E O O V Y O A X Q L Y
Y A D P T N J E G I L I V D L
W Y E O T T S U R M S M O L D
```

ADOBE CLAY	ART GARDEN	BIBLE VERSES
CAMP DUNLAP	EAST JESUS	GOD IS LOVE
MIXED MEDIA ART	SALVATION MTN	SLABBERS
SNOWBIRDS	TALENT SHOW	THE RANGE

The Cabazon Dinosaurs

```
L D E E B I B N N J N P M K I
A X E R R M G J K Z P A Z C K
P Z D Y T N E V E S K G L Z E
A J A I O P P R W N P A G P P
T U A D N F H U D O U C E R U
O R W O Z N T E P D B F E V A
S A U H N S Y C E L L H W W B
A S B B B N U K V O I F E P Q
U S J C Z L B P S S E J E U H
R I C R T E B Q T U Z R P G X
U C T U L T P O O T O H P Q G
S D R L B L R Y Z T C S B C S
T E Y J P I D E G R U H T J I
M K L X C M X L X K E H L S E
K Q T D I M E S A D Q G U P J
```

APATOSAURUS	CLAUDE K. BELL	DINNY
FUN	JURASSIC	MR. REX
PEE WEE	PHOTO OP	POP CULTURE
PREHISTORIC	SEVENTY	T. REX

The Desert Christ Park

```
O I N H R F T D E S Q J B D R
S V O F P O D A K I J G F E J
Y U C C A V A L L E Y N T Y F
B J U I A W U B S F U S B X S
R H Y Q M I M U Z I A E C P B
E Y S V P F S H M E E T I H W
P W K F H A X N I Z Q R L B F
P C O D I Z N S I H I U S Q F
U H T J T V L H C T F L H E P
S O P R H N O B U E R L X X Q
T Z W X E F N A C H D A H P B
S C Q N A L L A E M T D M A A
A W M S T R E V R A G W C R M
L E C A E P D L R O W O A K W
P H E Z R Q K W S D N N P D R
```

AMPHITHEATER	EASTER	GARVER
JESUS	LAST SUPPER	MARTIN
PARK	PEACEFUL	SPIRITUAL
WHITE	WORLD PEACE	YUCCA VALLEY

The Integratron

```
W  W  E  I  J  P  G  H  R  P  S  I  B  R  G
F  I  A  R  H  T  A  B  D  N  U  O  S  V  I
C  M  J  K  Y  G  O  L  O  F  U  V  T  C  V
E  J  A  W  H  E  H  I  C  I  Y  W  W  D  B
M  E  U  G  I  U  T  A  V  T  B  K  K  N  I
B  M  R  P  N  A  Y  A  R  L  F  G  A  S  Y
P  I  M  T  R  E  N  F  Y  M  Z  R  R  D  G
S  U  M  B  A  T  T  X  I  Z  O  T  L  O  R
O  D  I  N  A  U  N  O  G  A  S  N  S  G  E
W  V  D  S  T  C  H  G  M  Y  H  D  I  A  N
Q  I  S  B  D  S  W  S  A  E  L  O  S  C  E
M  E  D  I  T  A  T  I  O  N  T  M  T  N  S
L  N  Y  Z  B  F  F  G  T  J  I  E  E  Q  X
F  U  G  T  W  E  L  L  N  E  S  S  R  Q  A
K  R  A  X  V  X  D  C  N  V  G  X  S  Y  E
```

DOME	ENERGY	HARMONICS
JOSHUA TREE	KARL SISTERS	MAGNETOMETER
MEDITATION	SOUND BATH	UFOLOGY
VAN TASSEL	VIBRATIONS	WELLNESS

El Garces Hotel

```
L V D S A N T A F E R R V Q H
S U R E S T O R E D R K M H A
E W E H X V K Y W P G T E H R
N G E L P M E T K E E R G M V
B Y G R E F Q D M Q G A C D E
S R A A U W R I Y F R Q J Z Y
Q A U S N T E A N R X V P H G
J N Q A Q D C J N E Y I A T I
I O N B E C D E N C E C K K R
B I P P V K E A T W I D N L L
Z S I L F A A U R I O S L J S
T S E D A C A F R T H R C E O
S I E C N A G E L E B C C O S
B M N E Y Z Y Q B X T I R X J
W Z M V J H V V X T T Y S A S
```

ARCHITECTURE	CROWN JEWEL	EGG AND DART
ELEGANCE	FAÇADE	FRANCISCO
GREEK TEMPLE	HARVEY GIRLS	MISSIONARY
NEEDLES	RESTORED	SANTA FE RR

Amboy Crater

```
Y  I  I  I  T  D  Q  S  K  Y  L  J  W  P  B
D  D  A  E  H  L  I  A  R  T  X  X  L  Z  E
O  V  D  B  P  A  H  O  E  H  O  E  H  S  F
R  Q  S  B  V  S  P  M  B  X  I  F  Y  Y  D
M  T  Y  R  B  L  Q  B  S  S  K  M  W  J  C
A  Q  A  V  U  A  W  E  T  C  M  B  Z  I  E
N  D  M  M  P  I  Y  O  X  E  J  A  N  S  Y
T  E  Y  A  T  N  C  J  T  P  P  D  T  L  B
Q  N  V  G  R  E  Y  R  B  A  E  B  R  A  Y
X  O  O  L  N  S  I  U  U  R  O  R  S  Q  L
L  D  L  E  G  C  R  B  C  E  F  A  L  X  V
W  N  C  H  A  Z  W  O  M  I  L  L  U  U  A
H  A  A  L  H  Y  N  F  V  T  L  A  V  A  J
F  B  N  I  E  E  G  X  I  E  R  H  P  E  T
B  A  O  S  A  H  W  C  L  J  R  U  F  R  B
```

ABANDONED	BASALTIC	CINDER CONE
DORMANT	LAVA	MARS ROVER
PĀHOEHOE	PLEISTOCENE	SYMMETRICAL
TEPHRE	TRAILHEAD	VOLCANO

Roy's Motel & Cafe

```
L E O D A E H W O R R A U Y Z
V N W O T M O O B H W G A U Z
W T J L Z J U G A U E T K K U
Q R S R F K U S O W M E C N R
O E U V F Q N K I G K Y N E A
A S N L S W T G J C G R I K L
T E S T W P Q P I O V I S C B
O D E T C O X N U S V I E P E
L E T G V Y R H O T N S D D R
B V S N K O U C C D P O S E T
U A Q U Q B C Y Y Q D G E Y O
R J F I L M S H O O T S G N K
R O V M R A Z J R K R V I Q U
I M P C C C T F I T S L Z S R
S J P E B C R Z Q O Z A T G A
```

ALBERT OKURA	AMBOY	ARROWHEAD
BOOMTOWN	BURRIS	FILM SHOOTS
GOGGIE	MOJAVE DESERT	MUSIC VIDEO
NEON SIGN	ROY CROWL	SUNSETS

California Route 66 Museum

```
U R U L O V E B U S L X Y G B
Y I V N O E L L I V A L U H U
A S L I G G P R U Z P Z A Z K
W Y T V C V M L E K R M R A S
H N T D J T B O N E E E I P T
G V L J Z J O Q D R E L Z N N
I Q E W Z H J R I B I S J T E
H W D I O C O C V B T D A J C
B N O G O O A A A I D X B B O
E W M K S N H R B F L H O G D
W K O T A I O I L S C L O P P
O D E V A M H C W Q J L E F R
F R B I E X C W H I T R C R C
V S O M E E Q C H K B T N J G
H A R D W A R E C U L T U R E
```

AMERICANA	CULTURE	DOCENTS
EXHIBITS	HARDWARE	HIGHWAY
HULA VILLE	LOVE BUS	MEMORABILIA
MODEL T	RED ROOSTER	VICTORVILLE

Bagdad Cafe

```
N  T  V  P  O  T  S  T  I  P  B  Z  S  U  E
C  U  H  O  S  P  I  T  A  L  I  T  Y  K  Z
V  R  M  K  N  I  D  Y  H  D  N  J  N  C  M
F  R  M  P  Q  E  E  Q  O  M  C  F  O  J  N
I  I  A  M  E  V  W  O  U  X  K  U  V  V  O
N  A  S  D  B  S  I  B  I  I  G  G  E  C  L
D  O  T  H  Q  Z  N  B  E  C  R  M  L  P  D
I  Z  Z  N  B  Q  D  D  L  R  R  K  T  X  A
E  F  S  J  D  U  E  L  A  N  R  A  Y  F  Y
F  O  S  D  I  M  R  E  Y  N  V  Y  S  J  C
I  C  Q  X  V  G  Z  G  S  K  R  L  H  G  R
L  V  A  G  E  B  G  H  E  T  O  M  O  F  E
M  Z  F  U  B  K  N  H  M  R  S  O  P  O  P
Q  I  R  H  A  B  X  K  T  K  W  U  K  U  D
E  V  Z  S  R  S  O  D  K  O  M  M  M  I  R
```

DIVE BAR	FISH BURGER	HOSPITALITY
INDIE FILM	KOOKY	MUST SEE
NEWBERRY	NOVELTY SHOP	PERCY ADLON
PIT STOP	QUIRKY	SIDEWINDER

Route 66
Mother Road Museum

```
U  K  Y  O  S  K  K  Q  R  F  W  D  I  G  D
Y  A  U  D  E  H  G  L  L  A  B  N  I  P  N
S  R  K  S  E  U  P  H  J  X  Z  Y  B  R  O
C  T  D  N  F  S  C  A  J  J  S  M  F  G  P
B  M  Q  B  N  G  E  R  R  O  E  E  T  U  H
R  A  A  T  P  P  R  R  W  G  O  V  Y  A  S
E  V  N  E  E  W  Q  X  T  G  O  S  N  V  I
E  S  U  O  H  Y  E  V  R  A  H  T  S  Q  F
S  Y  F  B  A  R  S  T  O  W  F  C  O  T  A
X  S  E  S  S  E  N  I  S  U  B  A  O  H  Z
Y  X  R  Y  M  B  K  Z  O  C  M  F  J  D  P
V  A  H  V  R  C  S  J  C  G  B  I  N  Y  Y
P  C  G  R  A  P  E  V  I  N  E  T  A  N  I
R  O  O  O  W  A  Y  A  N  B  C  R  S  M  B
M  S  S  N  K  F  F  S  V  E  U  A  A  K  R
```

AMTRAK	ARTIFACTS	BARSTOW
BUSINESSES	DESERT	FISHPOND
GRAPEVINE	HARVEY HOUSE	NASA
PHOTOGRAPHS	PINBALL	W.A.R.M.

Calico Ghost Town

```
K  K  I  P  P  Y  O  V  K  Q  P  S  T  Y  R
X  E  N  J  N  P  T  N  N  U  Y  S  U  E  H
N  A  T  A  D  A  O  S  O  N  L  I  B  N  C
Y  X  W  I  H  C  R  R  T  D  N  U  D  D  B
S  T  V  T  N  D  J  R  T  W  I  Z  Z  G  E
T  N  H  V  Q  A  E  N  O  L  K  D  I  N  F
L  G  O  H  N  V  M  T  T  W  A  N  L  I  A
M  U  E  I  L  W  M  E  G  Y  G  H  P  N  Q
B  N  Z  I  T  O  O  H  L  E  E  A  J  I  R
O  F  S  E  O  C  J  T  R  O  V  P  U  M  P
O  I  T  B  N  M  A  B  T  H  C  V  S  G  R
C  G  H  O  R  D  R  R  Q  S  U  N  P  T  E
B  H  J  D  D  E  A  V  T  S  O  D  T  B  I
A  T  P  H  A  X  R  N  I  T  F  H  A  Z  Z
M  S  G  D  D  X  G  M  X  X  A  U  G  R  X
```

ATTRACTIONS	BOOMTOWN	COLEMANITE
GHOST TOWN	GINGERBREAD	GUNFIGHTS
KNOTT	MINING	NARROW GAUGE
REBUILT	SILVER	ZENDA

Calico Sign

Once upon a time, in the 1. _____ expanse of the Mojave Desert in California, stood the 2. _____ Calico sign, a 3. _____ of history along the legendary Route 66. This 4. _____ monument, with its 5. _____ hues and 6. _____ edges, 7. _____ tales of yesteryears when 8. _____reigned supreme in the 9. _____ hills of Calico. As travelers 10. _____ down the 11. _____ roads of Route 66, the Calico sign beckoned them with its 12. _____ 13._____, a beacon of nostalgia amidst the 14._____ desert landscape.

1. adjective _____
2. adjective _____
3. noun _____
4. adjective _____
5. adjective _____
6. adjective _____
7. verb (past tense) _____

8. noun _____
9. adjective _____
10. verb (past tense) _____
11. adjective _____
12. adjective _____
13. noun _____
14. adjective _____

Zzyzx Road & Mineral Springs

```
Q G T F W N H R G L J P Y D I
N Y R S T T U E N D A E J Q C
N A O T Z F R G J T Q A S F H
X D S W E L L N E S S L V I E
S E E W Z D M I E V A J O M M
T S R L Y F I R S D O B Z H E
R E S G N I R P S A D O S B H
G R Z K F S A S A Q Y K R X U
N T K W K C C S C B A K E R E
I S S A Q F L I U F H V T M V
D T M B Y A E T B T Y W S A I
R U V A I S C R Z Q Q V K W C
I D E Q H B U U X T Y F C L J
B Y P Q P R R C E S S Z U E T
M Q W R H A E X M O P C H Q C
```

BAKER	BIRDING	CHEMEHUEVI
CURTIS SPRINGER	DESERT STUDY	HUCKSTER
MIRACLE CURE	MOJAVE	RESORT
SODA SPRINGS	TUENDAE	WELLNESS

Answer Key

California

Avenue of the Giants

Chandelier Drive-Thru

The Glass Beach

Answer Key

Skunk Train

```
P X E R U T N E V D A R N E C
C D S R J T Q S U F E R O C U
S Y U H O M E I B D U T I S O
E C O I T U W J W T L T T W H
K S H T O W T O E T J Z A W J
I I D U U I O E P G R E T E I
B B N N K D R R K D H S R X S
L V U N S T D N G T O Y O N S
I J O E F P Q F W D O R P A E
A M R L I N J Q C A L V S D R
R J O D Z V P S O D N O N Q P
X W R Q L Y L N F O D P A C X
H T R E S T L E V S T D R D E
G N R I K A U A K X B X T U E
O O G N K E C H R E T M M H W
```

Pygmy Forest

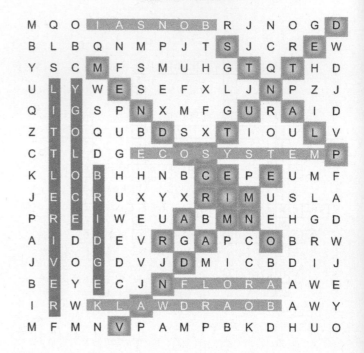

```
M Q O I A S N O B R J N O G D
B L B Q N M P J T S J C R E W
Y S C M F S M U H G T Q T H D
U L Y W E S E F X L J N P Z J
Q I G S P N X M F G U R A I D
Z T O Q U B D S X T I O U L V
C T L D G E C O S Y S T E M P
K L O B H H N B C E P E U M F
J E C R U X Y X R I M U S L A
P R E I W E U A B M N E H G D
A I D D E V R G A P C O B R W
J V O G D V J D M I C B D I J
B E Y E C J N F L O R A W E
I R W K L A W D R A O B A W Y
M F M N V P A M P B K D H U O
```

California Indian Museum and Cultural Center

```
Y G D L D T V T Z D W D O Q Q
P R N J B I K E N O L H O D E
S O E I I M E V R E S N O C N
E E A P V I R X Y F P Y I C Q
H C B N A A M B M T K S W D J
J U H I I T E D S N M S N I Z
H X I O R R R W W A K V R U M
X J R C C T U I N C I C Y E A
Y N D J H H F P A N Q W D U H
B X I K X I E I Y T P T D T X
C I D M G B N N P O E M J B B
D I T R A P V Y Y B T Z F G D
A M K E W U M D E O G I Y Y
O B S U O N E G I D N I M B F
U T H U I C M U S E Q O W G M
```

Tomales Bay Bioluminescence

```
E K R F I U U H E O L Y Z A B
L K L Q Z T Y S O F H L T I Y
C B A O L T L F H N H H O F R
A H M Y S Y N C T U G L Z Y V
T E A N A M L R N I U Q R T I
C K M W O K O U N M M Y I F G
E K A G Z M I O I A Y K U F N
P O J E P S O N R P O W K D I
S P J O O B E I G H O T S Z W
F H G Z P S N K H N S K D G O
I S Z Z C E E W D N G U U S L
C S H E L L B E A C H K M G G
E H N I Z C R E T A W Z M B W
P C F M Q I G X X S F R P L W
E E K B I S H O P P I N E G Q
```

Answer Key

Jack London State Historic Park

```
R F B S L L A W Y P P A H C E
W Q L V Z O P X M C T I M X R
U A W W O L F H O U S E Z Z V
U S T N S T O N E D A M Y C Q
V Z Q C B E A U T Y R A N C H
O S R E T I R W G N U O Y G E
P G Y F Y R T N U O C K C A B
U T V S S X K C L S C M N S S
V G U N W U B I X N F F O G T
N U F C U V O B X N N U H G U
W A I N I A M R A H C R J E G
Q K R M Z N T M A M O N O S S
X A E Z F I S T E I N W A Y L
O W X U J G N E L L E N E L G
K R A N S E H T T Q F P S M X
```

California Beaches

```
P V V N W Z H G N P C M K H G
T H O V N C S L I D T L X T J
H V E Q Z P I I T K W Q B G K
N Z D N O L A D Q D P O N R J
D J D R O N A I R O L G I H U
N E T F I M O N Y P U R J D P
B G R I J B E G X A G Q W B J
P Y A B F M U N F T D N H W U
T B H K Y A T W O E E Z E A A
Y D N O S K C A J N I R E Q P
T O I F A A Q H Z T L M L F S
Z S F I G U R E S S N C I K L
J J N R M W J B R F X S N Z E
F N O S Y K I Y E L I I G F P
V Y L D E E P S P N R Q S W M
```

Napa Valley Wine Train

```
W D Y F R V M A D N L A R R U
E A A S U O W I N E T R A I N
M A G U M B O R G R A P Q L T
H B O Y F X K A U W F U Y L T
C P U B I D T T Q G Y N D O A
I W R W Y N H S Z E A K C V R
G C M B I E G D J M M C M E Q
R N E V R S L Q L E O V D L H
G K T F Q E L L I V T N U O Y
X H O Q G U U N A N Z B I C E
X R Z H U P Z J C V P F T K J
D M A H O G A N Y K A O Z V A
C Q Q S D D I N I N G P H Y R
G E T D A H I S X V H O A J E
R Z E L L I V K A O G H Y N W
```

Vintage California

1. G
2. J
3. B
4. E
5. A
6. I
7. H
8. C
9. D
10. F

Answer Key

Six Flags Discovery Kingdom

California State Railroad Museum

Sutter's Fort State Historic Park

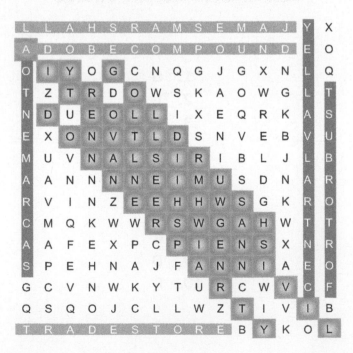

John Muir National Historic Site

Answer Key

Eugene O'Neill National Historic Site

Oakland Museum of California

San Francisco Curiosities

San Francisco Food

Answer Key

San Francisco Legends

1. Emperor Norton
2. Lotta Crabtree
3. Isadora Duncan
4. Joaquin Murrieta
5. Jack London
6. Harvey Milk
7. Janis Joplin

San Francisco History

```
K W D Z J H T Z G R T K S C Y
T L Z G V L J A N C C J W A Z
R F B P E G O K I S I K I B A
L D D K A V D W D U R M E L H
K K O D R T P D L M T E P C C
L Y Z O T H Y E I M S B K C O
I O A T H Y X L U E I N A N X
M R R C Q H L P B R D W O R X
Y S T O U S U R Y O O U S R N
E O A M A U E E R F R B A H H
V M C B K R N S R L T H M U D
R W L O E D O I E O S L T C C
A V A O N L L D F V A D R H Z
H L S M O O H I D E C P O Z G
T X Z N L G O O U G M D F F R
```

San Francisco Museums and Arts

```
K E P J R Z Z A J F S R X R M
D R R A C E L B A C I O S J H
Y P U L Z W M J Z E J N C C B
O C B G P R U S F Z O O X A A
S M F Z N O I O D I O H O L S
Q F I W N U R P C F Q F X A I
S A I M P Z O T P A F O I C A
Q F C L E Y T Y N Y F N C A N
T H M K L T A F E E G O D D A
V W R O J M R P W D N I Z E R
S X Q Y M V O O C H P G B M T
X K V K J A L R U G E E A Y W
D D U R B U P R E P M L T E X
L M Y L D I X R S T E W C X V
L A T H N Z E H D J D P P I P
```

San Francisco Sports

```
O F M O P X H T B G N B H G S
R H I L Z O C K U I E A C G N
E A Y Y O I D V L O I Y N N O
G R U M S B F L C R Y T T I L
A D W P J O J Z T A T O R K H
T I S I L U V P H C W B X A T
T N T C Y V Q R C L B R F A A
A G N C Q N G Z A E F E Q A I
S P A L U O N F Y P P A W K R
C A I U L R Z G F A Y K B N T
Z R G B A X K L S R Q E L F I
N K R A P T T A A K L R S D M
O F O R T Y N I N E R S U C G
M U I D A T S S I V E L E U M
O T I X R F F Y E P N T F S Q
```

160

Answer Key

Balmy Alley Murals

```
E G V L K S I V C A M S K U M
O G E N T R I F I C A T I O N
Q T R A L A R U M A Q H X H J
P D H P H X B X L J M G A M U
S A H W I L R C U Q C I U M M
X E B Q X W S V A O N R I S B
Y G Y U T P N O L K U N J R A
L O L E S J I O U T R A G E L
D E O F A E R T G R C M I J M
R U M S L T S K I B A U T Q Y
S E I T H G I E R F C H C L A
I P P W G Z G C V B F X E T L
P F W Y V Z V X E F B A A L L
F I V K W B A R T R E T R G E
H T E E R T S Z F D P X P G Y
```

San Francisco de Asís Mission

```
X Y G B R Q B N H W L M H Z F
O T N E V N O C H R I C J R Z
R W B J S X H L Z R E Q E Y
F W Z S T X O X D U K D U B J
Z A D T C A U H A J W I P B
W D L C M F L C U L A D H M D
I U E Y Q U R Q U B S C S H L
Q D G C D V H A A U A U U K O
S U N M R T Y S N X O C T E G
E T A Q R D I J T C Y L Y I E
R B V A Y L Q E V P I J A A C
O V E R I B B J K K X S M P C
L B F C O D K Y C A Y S A F S
O T A F F N O I G I L E R S L
D O B X J P N L T H T B Q W Q
```

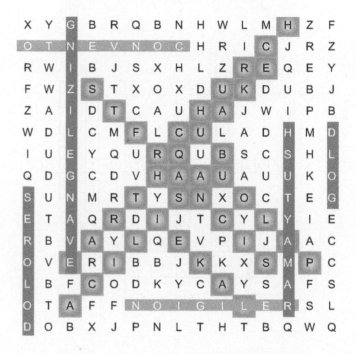

Asian Art Museum

```
B O F D Y C C H G Y K Q T U N
Z X L B N S I N X C W H R P X
G E S O C A A W E B N A R A L
A O V D I Y I P Y C J N C V L
K G S H X S J W J N A B I I E
W E V I E J U A O Z J K V L K
O B U S Y K T O D A C Y I I H
F I K A Z A M A Y E G C C O U
O O G T J E D B R W Y N C N N
Y A N T R A S A S T P D E Q H
Z N V V A I M W A P F N N Y S
N V E A H I V X A P H S T N I
E S T W C Z L P D B V S E M V
Z F D S F O T A P D Y E R U F
B B W R D V J E G A D N U R B
```

Museum of the African Diaspora

```
Y J Y A T R A K C A L B T H Y
G C U L L K D H O N O H S T F
O Y P S A V D W W Z R G I H D
E C O T I J Z I E I J T J K L
N T J R E B D U V M N D X A A
F A I E P V F E F E O I D V U
S I T G B Z H K D A R A U C I
P R G I E C X I I N K S D P W
B R O S L Q Q S L N R P I O H
A Y M B B O M L V I R O L T P
T D G D H N P N S M X R O D Y
E I B A D G U O F F I A M V V
S V Z L I G I M R C I Z N C C
C R E M B E N E Q F T I R R O
U B R Q X A W B N L A M H H C
```

Answer Key

Golden Gate National Recreation Area

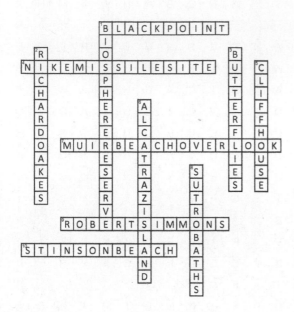

Yerba Buena Center for the Arts

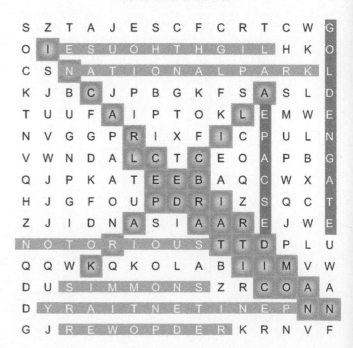

San Francisco Chinatown

Alcatraz Island

Answer Key

Check Your Math

1. 75 minutes

2. 10 hours and 19 minutes

3. 6 pieces

4. 4 hours and 2 minutes

5. 420 miles

The Wave Organ

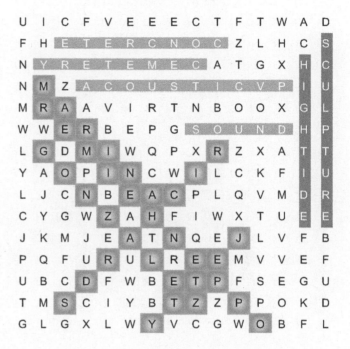

Presidio of San Francisco

California Unicorns

1. G
2. J
3. A
4. H
5. B
6. I
7. D
8. C
9. F
10. E

Answer Key

Presidio Pet Cemetery

A C K P C X N Z L X J T H A U
G Z R N M A Q D N E J J Q N N
E N D Z H Q O V J B I D S A O
C S I Z Y E E A M I M L L U Z
A H A W O B I N K M J K L G S
L G R N S F L D O G V D A I Y
P T I U F W L D I T M E M R W
G C B P N R M S V R S L T M W
N Z L S E V A R G Y H B F Z V
I C I A J T R N J T F U M H X
T A V D I H E G C P J O B O B
S G O D D R A U G I Y R C V T
E F O J N V D F R W S T K B N
R P S E T U B I R T B C B K G
A Y P E Z A L Z B X J S O J T

Filoli Historic House and Garden

P C H B T U M L O T S G K D V
F D I B Z N I Q Y M J I B A Z
D S W J C D R A H C R O J F Q
C O L H E Y P S P O B U T F R
Y T K L T W I H S U B E S O R
I T B N A I G R O E G P S D T
A Y X Q T W M H G X T S O I Y
P P A J S N E D G J C K L A
A M P Q E D F E L Z X I I S K
X P H C E M O A D T E N I W S
I S X S H P M B I R Y W K A B
D H Z U T C O M V S A S K P Z
F Z Y U H U Y E Q B O G N T K
U F X I R X W O O D S I D E M
D S N N B N I N C L U S I V E

The de Young Museum

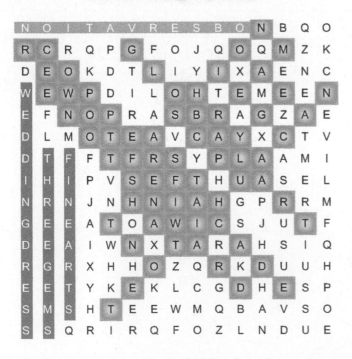

N O I T A V R E S B O N B Q O
R C R Q P G F O J Q O Q M Z K
D E O K D T L I Y I X A E N C
W E W P D I L O H T E M E E N
E F N O P R A S B R A G Z A E
D L M O T E A V C A Y X C T V
I D T F F T F R S Y P L A A M I
I H I P V S E F T H U A S E L
N R N J N H N I A H G P R R M
G E E A T O A W I C S J U T F
D E A I W N X T A R A H S I Q
R G R X H H O Z Q R K D U U H
E E T Y K E K L C G D H E S P
S M S H T E E W M Q B A V S O
S S Q R I R Q F O Z L N D U E

Moffett Field Museum

M X Y V E C B X X O P E D A Y
O J Q A Q N S P M I L B V E A
D D Y E H G O Q V Y K I N A M
E E L B I G I R I D A H O U X
L T K Y U E J Q A T X P X T Z
T E F P F I V Q I G P Y V S E
R I H J X L Z O B W N N W N H
A P J H O S N P S W Z A T O A
I B R N T S V X D C Y I H O C
N W L S M E S S K G L R D L L
F W U H I L N Q O D E C V L D
U H E N D E R S O N P O O A L
N O C A M S S U S F A R P B I
T J S U W O G W Z M H P K Y Y
M S M P D R V R I E C S D I P

164

Answer Key

California's Great America

```
U O T Q L N O M E D Q H F Q H
J T T O I R R A M I T S A X U
V C O M I Q E O S J G A S B M
B P O M D R Y Z C P D N T X V
W K K U G Z T L A C V T L F G
M H W Z N C C A Z L K A A L G
O R I C V T G J P R B C N J N
U O N M U I R I L E D L E X K
U A T A O W Q Y L K W A I S U
L L E U D B K C F J U R N A E
G Q R M Q Q R T N A V A C F R
M Z F C E D A R F A I R E P N
O I E D Y D Z C N Y Q R R B C
Z J S C S T U N A E P V A C K
L V T Y V O B C X P P N C Q Q
```

Hakone Gardens

```
I X L M R Z Z K V J Y W I N V
K U X U U G G S T I N E F R I
A U P K Z P Z Z A K E B M V A
S P K O I P O N D R D Q Q Z D
A X O Q T S D Z E C A D Q A I
L N K I C S T P S M T I H E
X N G E H U R T C X G H O B L
O G Q G D E S X K X A R W G J
R W V Y A R M N Z R I Q V J A
I B A T Z M A V A U H G F F A
G K A U Q Q K G C S F F B K Z
A C T M H T A H N G E N Y F J
M L D E B Z I P Q E R R J Y Z
I A A V D O B W S B Z N A R M
D G T G B S O L A R M J I K X
```

Winchester Mystery House

```
D R Z W R X C I H C Y S P P Z
E S U O H M R A F K J Q H Y E
T S P N R E N O V A T I O N S
N B K Q N B F A N B C N S O T
U P L D O V A G A E O P G U A
A J B H I E K M A I I K B V I
H C K E S I V G T R I E U H R
Z D Y S N Y J C I S R N W M C
S N U G A G U T I C A Z P H A
E S J Q M R S C U U T R G C S
K O T J T W W L B Z M C A I E
N R R S P Q O O L A G B Q H I
Q D N S O S R M J G A W I S R
L O U C I H Z G J Z E D Z B X
C R I S J F G U V U O J M F W
```

California Vanity Plates

Left My Heart   Hang Ten

For Cruisin'   Peace Out

Always Late   I'm Fun Too!

Won and Lost   Forty-niner

Answer Key

San Jose Museum of Art

```
B O R D E R L E S S A T R U S
Y R F P H X P A O I D J T Z F
H E B M J H Z I D T A E G W I
N F F M Z Q S H C D V P X M N
X E N W O H W C E A I S L P C
B O A W U D X V M U S S U Q U
N K U L A G V J Z E S S P H R
E R I A Y Y S I K E C Z O I I
V U L W Q P F O S M H L V L O
E J G R A I O I E I O E O E S
L G N H M R Z S N T O Q J E I
S I U F B X X W Y D L N O Y T
O T H D V D K Z G R E Q A G Y
N I E I I E A U Q O H R M R L
X P A C I F I C R I M C F W Y
```

Japantown San Jose

```
G L G P Y S B X A J D B F T T
N A F G O W R A T G R K A J S
K S W C S H Q E P F F X W N I
D T C Q C L S T M S Y S I W H
V T Q Y E L W L A R W Y F O D
O H U D V A S I A O A I O T U
D R K E J H V Q B B H F W J U
T E K A R A O K E C R R K F B
G E P B P D L M A P R E V A G
K T L F T I B M L B B I H V K
K W L G P K N A T H R E S K S
U E C K J O Q X K Y N L W Q R
K O V K H U B S A N S E I I N
K T U I E R T D K I M O N O Q
L K N S N H Z Y U L F R D U A
```

Mexican Heritage Plaza

```
R U R G V P R E T A E H T I I
O B T C R O V H I P Y I B A Q
C F E H F A O B S T V I H M E
J Q K A J R M O X O I S E V G
P E Z V J U D W W H N G E Z S
L Z M E C S T M C O L R R S G
N A Q Z H C B A I A M C R U L
O B P F D F I T C E N L G M Z
F F G L I R A O R S R R E M W
R G M S A R L C B I A S Q E J
D X Y M B Z A C A X O O J R B
H M P E K D A F X J N A X C L
W D L W I Z Y O N C X C Y A P
W E V T T A L A Z C Q J X M K
C P O Q M Z S M J H Q L M P L
```

Lick Observatory

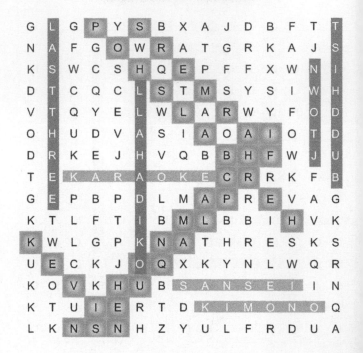

```
M T E L E S C O P E S I N O G
U P K Q R H Y B F X Q O J S U
N M G A K M Y K J T T H A W P
F D T C K O R Z S L M S M J G
H S I X V A O E I T E K E R J
F L E L A Z T M N I H G S S R
L B F L G T A A L V U G L R O
W H M M J H V E H I I U I Z L
U C S C T O R C J M X A C N E
O R T N T E E O V Y K I K E Z
X T U B H I S V S X B O R V A
P O Z E Q B B U N C U B U D Q
M J P E A V O N R E P U S V H
P N C A S T R O N O M Y D K J
B E X O P L A N E T S N A B Q
```

166

Answer Key

Garlic World

```
F S E V I L O T E M R U O G T
D E O Y M A E R C E C I V V L
N T D N G M S B P L P D M P A
A R Y S W M H H W H X A F D T
T S Q G U E M G S E H P J K I
S L I L Y F A M I L Y H D G P
E C S U K O L I V E O I L S A
D N I K A S A R I H D D N A C
I C O L O S S A L G A R L I C
S L G X S S Z H Q Z C E L A I
D R I E B R A I D S R M L O L
A T L G S Q K H D R P E T T R
O G R T Y E B A K L J D M D A
R Q O N M C Q B S M X Y I D G
Y I Y L I M A F I R E T O Q I
```

Santa Cruz Beach Boardwalk

```
K R A P A C T S E D L O A A I
J V X H N P I P E O R G A N U
R L H L A F F I N G S A L I F
E O C A S I N O A R C A D E B
P O X A O T E A C U P S R H K
P F O H K L A W T H G I R F R
I F Q T Z V V Z B E S S E V W
D C G Y Z R S S Y N O P I G X
T A I M O N T E R E Y B A Y L
N R W K P K T U O Z G Q E G M
A O M E R R Y G O R O U N D V
I U Z Y S L V T D S L D B R K
G S E E H I S T O R I U M X Y
S E P S V B E S U O H H T A B
H L G B M V P T F A J L K A E
```

Monterey Bay Aquarium

```
Z X N W O R Y R E N N A C S O
F A W S N O W Y P L O V E R S
Y U L Q T S P L A S H Z O N E
S E A F O O D W A T C H Z O M
R N C K J F A C F T E G O W A
E M U B I W B Y Y V Q C W Q Y
T T L I V E F E E D I N G S
T W A C O Q B U O R N X M H M
O A E S N E P O N W P U Q V P
A S M S Z L R Y S N P C V O J
E L N O I T A V R E S N O C B
S H W H U M P B A C K S M H V
K W H I T E S H A R K S Y Q R
S A N C T U A R Y L B T K X W
N C K T S E R O F P L E K W L
```

Big Sur

```
S N S E D I L S D N A L X K V
X B A E E V Y C O Z B G F W Y
A L L A M E R I C A N R O A D
H C A E B R A L L O D D N A S
B R L B R E D W O O D S W C S
T S A N T A L U C I A M T N S
X A P G W C C D F Q O L S H O
P D S Q N O H T A R A M J L O
D Z S E L C Y C R O T O M U E
W X S G E S U O H T H G I L P
Q R O C O A S T A L P L A N D
I Q S D R A O B L L I B O N T
C O O P E R C A B I N M F H W
I O M V O S L L A F Y A W C M
H B K Q Z H S A X F D W W F O
```

Answer Key

Forestiere Underground Gardens

```
X F N J X O W A C S O L J O O
T H N Z R Y N P W F F L F T W
H A F A T F Y S E O T T O R G
K U K I P V N N E B U B Q K M
H P U Y I D U R A R E A V D X
N R H N C N R A X I F L O C Z
F U E C A U J A T U L D K N K
D S N K T O S J H D E A Z S P
I G G Q A R P A T I O S T X U
C M B Z C G N F G F W S B I X
V X G O O R H V U E L A M F S
Z D G S M E A O C S E R F K O
T D W K B D B E B Q I E S Z A
Q W P T S N O Z Y C C A V E S
Y S U B B U T P E O J H Y C Q
```

Sequoia National Park

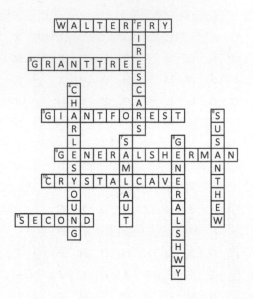

Fake or Fact

1. T
2. F
3. F
4. F
5. T
6. F
7. T
8. T
9. F
10. T

Moro Rock

```
E B J O Q Z S U M M I T B I W
X Q G R H I R I R J Z R I Z P
F F P L T E W D H D K P S C A
O G A Y I Q G B P B J H M G N
L A R I L B E N L F W O S E O
I G M A O K R A E K I H P O R
A B S N N U K Y Y L C T U L A
T M J H O I Q M I T L K J O M
I I D K M I T E P Q A A U G A
O L Q B R T T E S V T Z H I E
N C V U J D H A E D F B U C N
G U Y C V T M E V V Z P H A T
F D X C J V G G L E Y F I L H
K E E R C O R O M J L W P L Q
K Y V Q B P I S Q V X E T K E
```

Answer Key

Museum of Western Film History

```
J Y U C N E M T P Q F J W U L
O U H O L L Y W O O D G P G L
I U U S P K F A B F D E C O A
C I J O N H L G E J U F E L N
Z L L D Y R W L Q C T S N P D
M O Q S A K E V G H T Y E L S
M N T D L Q N T E E I G U P C
O E S I L V E R S C R E E N A
I P O E N P O E S E G I A A P
F I X G C U I Y D P W E K N E
N N A H N V O R A Y V S K X S
A E F D O B E G R A S R A E K
N Q U M W E N A J I G P Y D P
R P C O M O V I E R O A D W B
F E C P I N P L A V I T S E F
```

Ahwanee Hotel

```
E P B B X T I A Y R Z P M E U
L Q U E E N S X H H J A T N N
G A P Q V H X T F Q J N D G R
J Y Y V A N S U G E E E G I N
W V R R O K Z X S P R A B M Q
L W D R J N Y T E W P G Y K B
S A D F U E I L O I S X T S G
M H W K T C I O N L D Y C P G
K W Y X D O D G L E X U Q Y A
Z A L N T C M A U M L E T O H
C H S T J O F U U H M W Q T
H N R X U E J O H N M U I R R
M E U T R G V K X P U X F N X
Q E H I L U X J U Q U L W Q U
K L F H A H W A N E E C H E E
```

Ansel Adams Gallery

```
C Y E S C A M E R A W A L K S
B X N C X G V K K M J X I D G
L L I X Y N H P Q X F R S T U
A T N X N K W D O R P H L W B
C T W O A Q I P U T N E X N A
K N S K R A P L A N O I T A N
A E P W B R I D A L V E I L R
N M R N T T C A R R O O F E C
D N I G N T W P O L A R O I D
W O I I P H O T O G R A P H Y
H R T R A N A Z N A M G P T A
I I S F K O O R G C S L B Z Q
T V N I C E F Y O S E M I T E
E N Q S M F K C K W P J N T S
C E I B E S T S S T U D I O C
```

Tunnel View

```
N P T V A L L E Y S U N S E T
U A Z N T M H D X X F A H H T
L B T G L B M A U Q S N X X N
P K H I V Y R I L G M T G S I
X V L S P K N I X F A N B L O
J O E E N A D U D A D D J N P
Z F T D N W C S R A A O O S R
F X I C Q B A L S Q L V M P E
T L M I F B G W E W E V V E I
H K E T B N X L O R S L E S C
B Q S S I A V M L N N M V I A
I T O U Z H T O Z W A B N W L
X N Y R U N O S Q H A T W K G
T J H U K K G B I R L P Q L R
B D R X S Q K G Y V Y Y D C O
```

169

Answer Key

Bodie State Historic Park

```
C F H C D I Y N Y X C D T C U
Y K G J T J H A D T C E S Y E
E J N W P O N I O X R T K M C
H K Z J F E V O B L Y S F G Q
Y P A S H Q M E D O B E T F K
J A U L T L W O I J Q R R S T
K Y C G O A B H N N Z R H I I
D D N E W N N U S B O A Q U F
E I V T D L O D I U B F R R U
C R J B M I C M A L R X O E G
Z T E F V C M L Y R D D N R R
T N O I T A L O S E D I L U E
X W K Q P H V Y T M M C N O P
B C K P J C K R W R R T O G G
Z V L U Q K B D Q L J J R U S
```

Teakettle Junction

James Dean Memorial Junction

```
P T Q S I H S A R C R A C D A
I Y P R X S C B S Q K C K O R
K S D V E N S Y R Q W D O A E
A B N B H T K X O J D M C B B
M L T C O L C X R L H O M V E
Z I I H H S T S K Z W E A U L
R N D P D O C R R T M Z N A S
P A O W E P L A E O U S B E D
F S A I Q O C A R T P K P P W
E O P I T P X I M E D T S Y S
X P V I L C A F E E E S W V H
U T G O T L N D Y M P U A F M
K M J R Y J I U B K R O N F M
J T R I B U T E J U A B O S N
Z P K J E I R O A T S I H I E
```

Hearst Castle

```
G S U J M L A T A C N E L U T
S A R D V Y E O S Y C I A N S
L E O P U L E N C E O M S Z R
E A S D S D D E C G T E G T A
Q F I T C L C P X H T V M S E
R F H T A C Y T K P A P E F H
L L I H A T P U P N G N L U T
C M T P Z L E N T U E W T U X
D H N T W I A E B Z S R S E Z
I I G M Z E X P H B Q B A U D
R J U L I A M O R G A N C F I
H Z C A U Y E O R A T S E U C
W Z J M Y M S L I X X T I M V
W W X A M D T B N I R Q J J P
Y U S V Q V V E Q Q C S H U A
```

170

Answer Key

California College Tour

1. B
2. E
3. B
4. C
5. C
6. A
7. C
8. B
9. D
10. A

Piedras Blancas Elephant Seal Rookery

C	A	Q	Y	Z	X	Y	Y	G	B	Y	V	L	D	Q
P	P	Z	A	Y	N	Y	N	Y	R	X	E	O	I	B
Q	I	D	C	O	K	I	Q	E	K	N	X	B	L	N
S	O	E	L	P	D	W	K	K	I	G	T	U	P	F
T	X	O	D	E	F	O	N	R	I	E	B	P	R	D
P	C	W	E	R	O	V	A	H	E	B	L	U	O	T
U	G	R	D	R	A	M	S	N	E	P	K	V	B	F
P	B	N	T	O	B	S	E	R	V	A	T	I	O	N
D	O	I	G	H	X	B	B	M	A	K	H	A	S	W
E	F	Y	I	F	F	N	E	L	K	N	V	O	C	M
W	A	O	N	I	W	M	N	A	A	L	W	M	I	U
G	O	E	J	Y	R	A	U	T	C	N	A	S	S	Z
I	A	E	D	S	J	I	O	G	Q	H	C	J	I	X
U	T	M	A	S	L	A	T	W	F	O	W	A	Q	A
H	U	P	E	F	I	L	D	L	I	W	O	E	S	Y

Bubblegum Alley

H	Y	I	F	M	I	L	V	Z	Q	B	U	T	Y	G
B	M	W	M	U	G	E	L	B	B	U	B	E	F	U
F	M	I	Y	Y	V	U	Z	C	U	Q	L	R	S	M
L	U	I	A	Q	Z	S	N	L	R	L	J	A	K	C
N	Y	W	N	T	A	U	C	S	A	P	N	G	S	O
M	O	A	K	A	T	S	S	W	T	L	E	N	B	V
I	P	L	O	Z	R	R	C	Y	U	I	O	S	Y	E
U	E	L	V	F	F	I	A	I	S	I	C	C	E	R
L	Y	O	I	X	M	A	S	C	T	W	H	K	T	E
I	E	F	C	B	E	O	V	I	T	E	E	Y	Y	D
D	S	G	H	Z	B	Q	D	T	W	I	T	H	Y	H
N	O	U	Z	I	X	A	T	I	B	G	O	B	C	O
L	R	M	S	Q	R	S	N	M	T	L	L	N	J	P
D	E	P	T	T	K	G	H	I	F	U	M	M	U	P
R	O	Q	A	G	X	C	O	Y	J	B	U	G	Q	E

The Madonna Inn

D	M	Y	P	L	H	F	J	V	Y	S	A	M	R	U
U	X	I	Q	U	L	Y	Q	W	J	N	E	C	Z	S
Z	N	O	I	T	A	D	O	M	M	O	C	C	A	L
K	Y	W	H	F	C	Y	P	R	S	B	F	Z	W	S
T	H	R	O	D	I	D	E	M	E	H	T	O	L	P
L	U	H	S	H	S	T	R	N	E	P	W	N	W	L
G	S	Y	P	E	M	B	N	T	K	U	P	H	P	A
Y	J	F	I	J	I	O	A	E	T	X	O	O	R	S
H	S	O	T	S	H	A	O	R	T	H	W	U	C	S
S	C	L	A	N	W	F	Z	R	Y	Z	E	L	Z	I
I	I	T	L	L	B	K	I	T	S	C	H	E	L	W
V	V	H	I	M	X	K	O	Y	P	N	U	T	X	S
A	M	M	T	S	E	C	D	J	Y	E	E	O	M	R
L	K	T	Y	A	W	O	D	J	G	L	O	M	R	U
R	M	C	K	B	J	R	O	C	E	D	T	H	M	Q

Answer Key

Pismo Beach Monarch Butterfly Grove

Antelope Valley Poppy Reserve

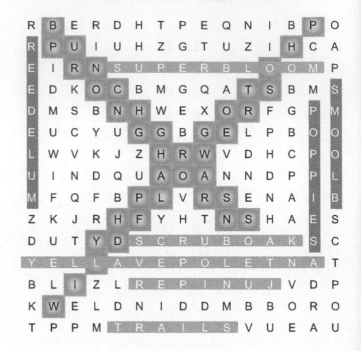

Scenic Overlook

Just for Fun!

Elmer's Bottle Tree Ranch

Answer Key

Summit Inn Sign

```
K R A Q S S A P N O J A C P Q
Z W W M Z X S A I K V T W T H
I J Q F E D J E L P R R S N I
O M I C K E Y S U E B E P U L
S T E V E N S B G Q Y A D N D
P I T B U P U W A N C C U D A
E R I F T U C E U L B H A T F
K A H P T C B O R E D E R Y I
Y T C G N D A O F G H R E X S
E E I N S U R A N C E O D K H
F E R F V Y Z Y Q X V U N M P
Z L T C S D J W H A P S E Z F
F V S E H O B W U Q P Q O R U
D I O P S L L I H K A O N S J
K S G N I K N I L B M S R D W
```

Charlie Brown Farms

```
S I M O S S O L B R A E P L F
O V N X F S Q Z E D B S L H Z
S E K A H S E T A D V G P F D
W H L W M D E Z H V M K Z E E
E N O I Y H O Z A P Q F B O I
E X L P T G C O Y N B U A R R
T U P Z P T H S F V G N Q A F
S V Z I S I L K F V W N T Z P
J P J H J U N E M D C E F T E
E J F W C W X G R E R L R G E
C O N T N M G M R O F C B F D
F S O U V E N I R S C A B P X
G I K M Q R A X R X O K R D K
O L U F T H G I L E D E D M R
M H V W J E T R I N K E T S P
```

Vasquez Rocks Natural Area Park

```
D J A V Z C D Q C J R G N R N
Y Y C E C L U D A U G A A T Z
P B O F Q E N O H S O H S E I
P C G W T X G X K C A B G O H
G B T P S H Q R W V O O W B A
I T M I M O L I G O C E N E G
S P L C N O K Q M Y S N E G N
B Y A N K J S A F T M X J D I
F O N I S A I R E N Z F W A P
U U D C N V Q R O Q H I U U I
Y U S R A T N F Z O R R K Z P
C I C T V S U U A M D B O A A
E M A F F I U P Q Z H T D Q M
B T P O D V W J Q C P W U Q Y
L J E V A S Q U E Z Q U M O C
```

Ronald Reagan Presidential Library

```
I I Z S E I R A I D O C F K B
K G L A I R F O R C E O N E F
O V A L O F F I C E K X S V X
V M J C U E M L H T S S F A C
F N O S L L A W N I L R E B Y
N R C M W A C T O R M H E J C
I T V Q M Z X G Q H C N Z S N
D X K S E D M O O R T I S I A
N G M S I T A V R E S N O C N
I E H R P X V J R A W D L O C
M I T C A N B E D O N E U K Z
L L T H T E I T R O F X Z X V
B Z P U T C A K O C Y X V X F
E Z I E L B R N H M W G B I I
Z T S L L E R R A F O R P R O
```

Answer Key

Malibu Pier

```
N E S U O H N O S M A D A S R
G N I H S I F T R O P S H U A
G N I H C T A W E L A H W R E
B V K C V S K R N K G P V F L I
E Z O U B M E M B Y P S O R I T
G F Q S C L G I D G E T J I T D
C K C A H S F R U S L T S D U U
W P E W H W L B A A C W U E B
E R V C P E M R G Z G R P R I
B E P W I Z Y O K L W A P B L A
M H N F W Q O E E A S B C E A M
Y A D S E N E D W E G I B U A M
P I H U L J D F L V G N Z C G
L R B C D W H J J A J Q N H J
A C M R A F U B I L A M V R B
```

Surfers' Hall of Fame

```
O L O W H C I V O N A L U M W
A C M I X S O U K I Q Q O N S
E B C X M A J L N F Q S E K M
R A J H Z M F O O R A X U N B
O M E U I A T W G B W O R M F
M H O Y M L O V A A M J J S O
L X A M I L U B R T B I N V J
I V R M L T Z P A D V O T W J
G C A A Q G R R O S S L U R C
N H A V B H T A E H W N N T
W I P C H B H G A C N O G Y U
C F E R R E I R A J N H N W B
D R C L X Y B T B X T E I I E
L E W L Q C X F L V V P W U V
J Y T Z T R W A Z K Y A I P A
```

The Getty Center

```
C U B D V A H H G E T T Y Q E
C A N V T V K Q J S H K V R I
N J B I G A U G U I N I Z H D
K L X T W V X C Y O E B C O U
A H Q I K R C X U W T M O G A
Z R I E M U I D S Q T W E O X
A P D L L R O W F E T K E L Q
L C Q E A T E P R N J Z N S E
E X N I A R T R E V O H E T C
A T U W R I A R Q J I M J Z U
P H A F D C B N N R U I S D L
O K W X E A L L I V Y T T E G
I H S T S X S B P G T B Z D
L T F B H U E H C G R E C O Y
U P D L G S V Q D X U C D N P
```

Santa Monica Pier

```
G A L T P A C I F I C S A J M
N Q T G P C A L I F O R N I A
K B H H D C L S S S B M L L N
R T E S N U S A D O O J D I K
R E E A X A L N B C K R Q F Z
E A N S C O Q T E J G U W E I
I C D O P H C A K C G M O R O
P N X O M G N M O C Y M S R I
K L A W D R A O B Z S C E I I
Q O I X Y T M N P X T J D S Y
K A G N I N N I G E B A I W F
C H B R T Q N C U O C I A H I
X M E O A M W A P L S S X E E
S P I R I T U A L E N D S E Z
J Q J T J F L G J E C X T L U
```

Answer Key

Pacific Park

```
N O G A R D A E S B P O N G P
W A Z J R D B P M K O I D C O
L W Y S E I K N I R N V Y C O
J V E T R E L A G I S L Z O L
K H Z R J F T P V L E O N A O
A B D I E J F E L E Y X E P R
P C Z K T T Z O H B R Y R N Y
U R M Q C E S W O M Z Q F P G
D I D U B D S A F L V C K L H
M D D P B I A D O P I E R U C
K H S W R S T E O C X E A N C
R G Q R E A W K Z D T A H G U
P R E M I E R P A R K S S E C
Q F Q L D S R J H R Y A E C X
P E E R J J B E L C I K P W U
```

Tongva Park

```
Y W S A N T A M O N I C A K P
R N O Y T E E T D S B K G L S
V G M O R T Y U W L C X A X E
S M D P V O M J H A Q Y B T K
V O N I L E I R B A G D B F O
V E G Y M J K D I R V Y S T M
P R K I A O N I O E H C Q R S
V I U T M A G U Z J M G D A F
O N J H L A N L Y H I I K C O
I L C Q T D E X G G G F D I A
O C E A N B R E E Z E Y X L A
J E A S N J C F R I P T Y B B
N I T Q C O Z Z O H T S V U K
K L J V B K E B Y A T U L P M
J P X H X D F J B G K R H K D
```

Mosaic Tile House

```
I Z X J L C A E R X J B B K R
N H O P T Q D G C A S B H L O
Z F H B E X L U F R O L O C L
W M H W B C T S E L I T M C O
N X O Q H L E S H A X K E Q C
A K Q S K C O I S C O Q V M A
R T O Y A K H N P C K U T I V
U N A E F I O C E R A M I C O
D G L F W I C O A P E T V C N
F X P Z T X T S S F U T Z R K
H H C A E B E C I N E V S T L
R H E R N J D A C J J J D A I
X R N O R N J X Z X M F G F M
C P Y G B M N A R T I S T I C
U S S S V S K Q F T C G X W D
```

California Coast Movies

```
O M U N J X N O I C L N Q V V
N G Z L L T H E H U S T L E R
I X Q J D W H V J S R K M Q I
S E K C I R E V A M A X S J N
A M G N I T S E H T U S F Q H
C A L I F O R N I A S P L I T
S G W E Z S R E C K T I L U Z
M S L K K W R R L H H Y W A Y
E Y O C Q H O E G O E V C R M
G L I D A U M I D Y O P U A M
T L M P P C E I N N C G F H
U O B I Z D X K K X U U J E D C
C M E X R X O A V K I O D H L
N R V A D F T P C T H H R L T
U L H Z F E D I R T I T E L S
```

Answer Key

Venice Beach

```
U C T S T P A J L Z S P T J L
H A R T C R A W L J V Y X P R
C O D P N W F R G W Z O X A Q
P Y L L E P L Q U Y C A N D K
C E F I V R Z H X S B X B D X
B F Q S K L A W D R A O B L F
O H V L L A B T E E R T S E A
M U S C L E B E A C H Y V T D
S H A N D B A L L G Y X X E X
B R E A K D A N C I N G F N M
V B O D Y B U I L D E R S N W
T A T T O O P A R L O R S I X
D R U M C I R C L E Y R Q S O
P Z R E I P W E P M L M Z J A
M S O C L W H A L E R Q M L L
```

Venice Canals

```
U A T B L D S S E G D I R B D
E L S H S O K I N N E Y X U W
N G Y S O O F S N G L E C R G
R A L B H H E F D K B K W G Z
G E F Y S R A I E O S F K Q Z
L B Q V E O R T T L U B J S P
U L K N Z B E U W J B W V T I
A O E W T H I P S Z N L V P Q
O O J O M G S A L O D N O G M
C M O L C I F U V Q Y N A C X
C F Q K L E N O D A Q W I M K
U S M C W N S Y A W K L A W S
W K U S Y A W R E T A W L N G
S N O I T C E L F E R O C A I
D P R S I K X L K Q H U C E A
```

The Museum of Jurassic Technology

```
S U V K P V M Z T F D H N H Y
Z K S X Y K R I U Q I N U K G
B Z K O G W Q S R S V G O R O
I C B M V S C Z B E F F A J L
M I C R O M O S A I C S L R O
D R Y P A W G Y Y T Y E Y F N
K V E B M Q I I P I V B X V H
R I A L G G R L J D U V H H C
C T R B I R B P S D A E S K E
Y R H I N C A U Q O E M I C T
D I I R E L N S B B N Z L B U
I N J D M G G O V Q P H M A K
U E J S N O I T A V R E S E R
E S X C D L N G Z I J Z C D N
L F U N U S U A L G X V S V F
```

Los Angeles Music and Arts

```
O A P E T E R S E N A U T O R
Z K M N A J O M T O L Q O O E
L O C C R A H C O A V G M H T
I A T Q A E H Y P C O A O K N
V J B L E L T H L G L L C E E
F X O R S H I N A C L W A E C
Z M U A E L U Y E Y S Q C Q Y
Q O O C R A K S W C Y K E G T
N T I V T S T O L V C H Q P T
E D R A I B O A V M C I D H E
C L T H H D O H R H K V S M G
C J W J B R C L A P Y T L U E
C G C O D H W K G M I A R N M
T V W P D W L U R I G T Y T H
Q L L S S K I R B A L L S J S
```

Answer Key

Los Angeles Curiosities

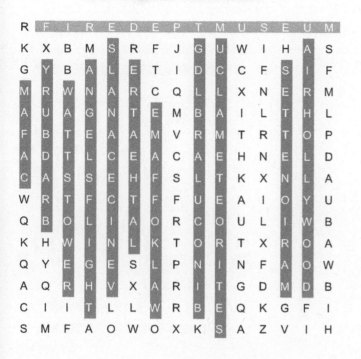

Los Angeles Food

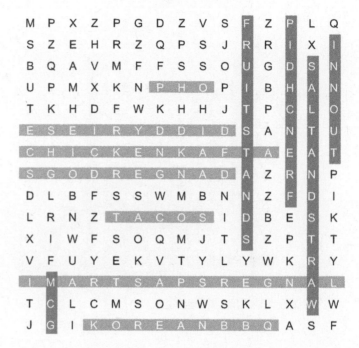

Los Angeles Sports

Los Angeles History

Answer Key

La Brea Tar Pits and Museum

```
Q Y T X E M Y W F N Q N J T V
Y P G S P W H H C O F Y P J Y
W H P R H A X C D Q J Y E R R
J L E A E T A M I L C R I I V
H I A V L Q O O A C Q E S U O
X Q O K L E P M F F F V J F P
K R K S E N O N M O T O W Z W
B U H J E P O N W A S C W H B
C G E A W R I D T Q M S M V F
I Z T S H R U T O O I I E U
V U L N J A A T U L L D D L D
Q S E E X C A V A T I O N N S
I B L A B R E A H E Z M G A D
G N I L B B U B K C R E S Y J
Y C E F C K J E G A E C I H P
```

The Magic Castle

```
X Q Y J F O B C S T O T B Y W
Z W J F L A R S E N E C D P B
Z A N W N H O L L Y W O O D K
S I I N H J S A Y N X G S V C
T N N Z W T H N N T D N N M Y
Q E E B H E I P A Q O F L L M
G F G A T R B C O I Q O N R M
U I I W Q C P Y S T C O Q Y E
F L T Q Y E W U C I R I S D G
K T S F N S L K C E U T G Q K
T H E Z N L V R B L E I U A H
U G R M I E E M L R E R J N M
N I P G C G E A Y B P K E O P
I N T R Q M N S B C I G A M R
P B S E B E S U O H B U L C J
```

Universal Studios Hollywood

```
U U I O X N W Z S I I D Q P F
R I O H C G O R F Z L S M F P
C S D A K W W S O R M H I G O
W B N Y G O A Y O A J R S Q Y
O C E A T O W W R G G R W I E
T D T B X E R T N O R P X J L
Y F N V I E R O P G U L D F M
J Q I Y T O K P M I O H I W M
H H N A M G I V F W T R N A E
X L W A N H U D E B O Q O P A
K L L I U F U R Q Z I L P X L
G G K Z W T L J D H D D L W L
J J V T O O M B Q M U K A C U
E D E L T S C W R V T N Y M J
S K R O W M A E R D S T R Q G
```

Hollywood

1. G
2. A
3. E
4. J
5. C
6. I
7. D
8. F
9. B
10. H

Answer Key

Travel Town Museum Foundation

```
I L D K G Y S L T B I P A L G
R H K A D Q B P O G W N I Y P
X U V E C X T Z G T O T D A W
N T Q Y Z A S E S T O Z H E
F Z U L E G I G K L K T D S T
T S L E R Y Y C E X O S O W L
S G Q B O Z I N D L A O E A E
X N S C G R U I U I G S R T J
R C D H E G N C R S B U C Q H
Q U V D G I A C N B E L Y T S
Q Y E E N L K O P G N P J B N
N R T G A X U L C I R R B O E
F C C K L A P I C I N U M B V
B A E W Q E M T U B P S K N K
R P A V N T H E T E N D E R I
```

Autry Museum of the American West

```
V N O Y F S T C E J B O E H X
M F R O N T I E R S L Q Z H W
K A V O R E I N H O L Z O K I
Z R R X M O X A I N T F N N L
B J A I B W L J E O T X A O M
H R M P T M R D V R F T T I G
Q Y L D H U T A W B G N I K C
R R L B Y T A V W E X K V A C
G T L P Y N I L U G S T E N E
V U W O G O A F S U G T T T S
O A L A X Q P W F P L Q E S C
H E R E G T Q O F I A S M R J
Z N T V R A W E K C R C P I E
D E S E R U T C E L I G E F X
L G C O W B O Y S D A U V X G
```

Descanso Gardens

```
X G W J V T W S S F D G C N Y
J K M A S S U A K X J D A Z H
I H L A T E M S I Q I T Z D T
F J L G V H T R R Y U E F E N
F O O S L S Z T S R B X T S E
A S R E W O L F E O C X K C M
S E T E I M E I T N G S C A T
A E S M S H C A V E G Q J N N
I C F M F T N J A V M I T S A
L M J S P I U P E O G M V O H
L Y B O C C F D A Q A U T W C
E T R A N Q U I L R P K J M N
M L L A F C L J C S F D S Q E
A M S O D K W S Y U W O N R B
C D U R B A N O A S I S J O G
```

Gamble House

```
P G R H T A A K H A L B K T E
R Z R H U U P N Q F F D R G A
F L N E O K H L A Y S R B O K
F N A U E U K R S T Q U D C R
Y A K R L N S W N H N N E E O
X Y M P U O E E Z G S A S S W
F E Z I R T D S A L A M I O D
F S L A L U C L R N B S G Y O
P Z F B T Y O E E N A T N O O
O H P S M W C D T T U F R R W
O A C N F A A R J I Z A P R N
Y S D J A S G J E L H R C A U
U D C D A D L F N S K C T L H
H L L P W A T F E W T T R C U
H E M W O U C J Z Z Y G O A Q
```

179

Answer Key

Pasadena Museum of History

```
R A A K K A T K C X N N L O N
G K G R O L E T U M E S M I T
K I Q E R Z E U R D V H T P Y
I B C M D O R P W K T R O A Q
F J G R C A Y A C V U S O L E
V E X C F R R O K C B M D O O
G D I W Z D W A S Q M T X H E
P W L H I F Y I P E S F B E Z
T V S A D K F Q Y E C H S I P
F E N Y E S N W P A S O L M X
C E K D O L U Z Z P N O K O F
C H S I N N I F K E T J R M U
X G D J T O A H V L H D S I K
U F Z A A P N E V R A J F T H
E I S B A B R E V A S C O T T
```

Norton Simon Museum

```
S I I N F O C U S C H E Y E R
C S A E V E D N A M A D A J D
U I Y L H G O G N A V H F D X
L Y K M R D C F A D F C F D X
P T V D L O H R A W G C H N Z
T Q Y K V Q I H J F W P I O Z
U B M A N E D A S A P I A H A
R E C N A D E L T T I L D G G
E J O U E D S H U E W U A K O
G T J I O P B O P Z J C J V S
A L P D H Q E Q R L G I Z F S
R M W C N Q J D J M A P L T A
D M E M A S T E R W O R K S C
E K Z M G L T R A N A I D N I
N M V I G E H R Y P F L S Q P
```

Radio Stations of California

1. C
2. G
3. D
4. J
5. I
6. A
7. H
8. F
9. E
10. B

The Broad

```
Y E D N F N P A K G I F D Z S
A X A C I R E M A N U S N R T
G H O Y L U U S X A E L O L C
E I W N Q Z U I N M U R U Y Q
E B V A G Z P E O K R A S A Q
A I F O E O G H P I V L Q J F
R T Q L S P B F M D U D G W T
O S L T C K R Y N W A J N Z J
T P W B L E T A E Y N U H L Z
S A H E E I L S L X Q Q E J I
R C F S N I B I V T T W Y S W
L E Y I E E G X U K D N L C O
E D F V Q H C F R V S L E G L
P N H T T E B V F C W Y R J W
I K Q Z S E I R E L L A G E J
```

180

Answer Key

Japanese American National Museum

```
S E M I J F T C W R Q W T D Z
T V N Q B P F T J M B D W A H
K C A M A N C H B K E R D J G
A S J N T J X M E E Y F C L F
J H N B A V U C R W T R H D J
I M I P B S E B F W I J M U Z
V P E N O K S S H N N R S E S
D T K I S S E I T S G E E G V
Z E K X I J N E Q T I E Z T K
Y Z I M H E R P M B D T T A H
W E N B L N O U R P P N R F K
G N H P M N I S E I B U P F C
Q R M E V Z R W V K I L R K X
G E N E R A T I O N S O F Y Y
T T W J G C G A I G N V R A H
```

The Last Bookstore

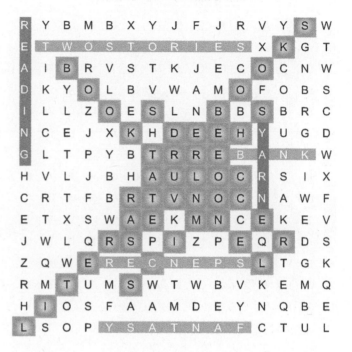

```
R Y B M B X Y J F J R V Y S W
E T W O S T O R I E S X K G T
A I B R V S T K J E C O C N W
D K Y O L B V W A M O F O B S
I L L Z O E S L N B B S B R C
N C E J X K H D E E H Y U G D
G L T P Y B T R R E B A N K W
H V L J B H A U L O C R S I X
C R T F B R T V N O C N A W F
E T X S W A E K M N C E K E V
J W L Q R S P I Z P E Q R D S
Z Q W E R E C N E P S L T G K
R M T U M S W T W B V K E M Q
H I O S F A A M D E Y N Q B E
L S O P Y S A T N A F C T U L
```

California African American Museum

```
U L O Q Y U F M N A Q N O U R
K Q L Z P S C A A M A F U U E
R P A Y A W M C C V T U T O G
U E K F Z L O G I M C V E Z N
H O Y X R J F M R O T S R Y I
X L Y P C I F S E E A M B L S
D L G D N A C F M E C B R L S
F E C H O O U A A I P E I X A
P R O B Y B B Q N U T T D Q H
X R U X H A G Q A S W H G M Z
R U E F V R H N C J F U E L U
H B H R B T P R I B V N F N H
P E E L T H T O R V S E Y O L
J F J N F E M E F M I O K Z S
K Q Z D O O W Y A H J L L Y J
```

Watts Towers

```
S U N V E C X Q F A M H Y Y Y
T H S R E W O T Y D Y H A T N
J I E L J Q L O H S E O P I U
Q L Q L L M M V I I X B N B B
N X G R L V D M C J Z K S U Z
R G Z N I S O C I L E X X M X
T V I L U N S F A J O A O M U
A N W I R E M E S H I R N O H
T T J O S W S A O D A W F C M
P Q D S K Y Y T M C O C U S D
D I A N L L M T R T V W L T M
A L O L B E U P R O D P V T I
C G F G K U Q U R M Z R S A M
I Y R M N V O I A Z U T Q W Q
Y O L M O R T A R T K Z Y D N
```

Answer Key

The Donut Hole

S E S A S F Z D E A B A G J Y
M W D Z H A T P F S C Y E M L
S B E F S R C K M T T M E R A
S U S W E C M V G E H S A K R J
O S Y D T N M T E I U U E W E
I G L A Z E N T L Q A W U R N
C T W L W E R O D R A G N E T
I F E W U R B R V O G H F A R
L O N P P M I O F E Q H W T G
E Z A Q Y V S X G S Y W V V T
D L D S E T N A P Y S E U H D
K B K T T A N O S T A L G I A
F W H K I V J L W Q Z G D B T
C R P L O K C U L D O O G R Y
U H O R T E R N B Z R U J T L

Mitla Cafe

1. Lucia Rodriguez
2. Cesar Chavez
3. San Bernardino
4. Taco Bell
5. Desegregation
6. Tortillas

Mission Inn Museum

E D Y V B N T D F E J J I F K
H A N D S O N D D Z R V V F F
L E P A H C S I C N A R F T S
B S C W H X S D N U U S V J M
M G J O P R S I T O O B Y J T
I N B Z E R K W Y R I Z L E O
L I R V F T E I O L A S D N O
L W I R H A A S S K D V S C B
E R F E O F L C I T C T E I B
R U G B T X H O R D R C D L M
O O K L W V A N K T E E B K S
Y F D D K P O S I P S N B G I
S S A T S F B I C A B H T O B
A R N K C R P N Q S M C D S R
R S T C A F I T R A C D Y O D

Castle Park

O I O E G K Z Q G Y Z Q Q E F
M W L J P K V Q H M N F Y L Y
Z S H U Z H C D D B K P Y L L
W Z M I G N U P V I E I L N L
X H O C P B E E N W N A B D A
S U R I X B E G I G B F B B S
P R U M M S S L S E R U W A G
A L K C S C D A R E M A G K E
C B H A R M U I L P C L N Y E
E U L O O C F B E Z A A D T C
S T W U E S M R C W F T L G X
H N S R X A C C A W A X G A S
I E S D R A G O N F L Y E R P
P G G C R A N X N O S Z R B X
S M S S G D U Z B L I J X P B

182

Answer Key

Richard Nixon Library & Museum

```
G U L F B X E Z E Q N I E R U
Q Y E A S T R O O M Z C R V O
X S V F F V G Q Z G I N C N M
P A T N I X O N N F G E G E B
K B Z W J K W I F U T A B C R
M U T W W G K O T A R E L P P
F R N T M A L R G C I N S I O
G I E I E A G R H J C I H B I
C A D S V H E I H O M S F O V
G L I O F T V E R E R U O N J
G S S C A E D F F E U O I X H
A M E W I G T L D D U M Y C B
B I R T H P L A C E E I Y V A
I L P P T G E U V C D L I B Q
U L Z Z R L L H J X T L A S X
```

Disney California Adventure Park

```
J A I M A G I N E E R S X C B
V P U S Q K V C T F J T Q X V
P P H R Y H P E Z N E D L O G
Z I S I J E S S I E I D R C T
Z T X L L R R B F O K N S G T
K R T A F H T C Y T N R D R T
L H O T R F A K O G P B N I R
A D B S E H O R D U A R A Z A
T L S I W S L J M Q I Y L Z C
E Y J V N F M S Z A D V S L D
L C M A V T T A A S G Q R Y E
T L R N H Z P E R V R I A P R
R F B E B T B Z T V O U C E M
U M W U D S H S U M E T P A R
T O P B C G O T G Y I L P K G
```

Huell Howser Archives at Chapman University

```
C C D F M P Z Y D Q C Y F J J
M U X S R Q G J Q L Y J D L Z
B B B L E E V A D Z K P Y C B
E D Z J V I S I T I N G P V N
A X A Y C Y R W D I S X T S A
R U P I R M U O O E Y V M W M
C N P L R A H D T H O E M L P
H I B U O V T P T S O H A J A
I V Y R S R Y N U F F M V E H
V E X C U Y A F E L X Q T O C
E R P E S J J T K M V E W R G
S S G W V N U Q I T U D A I O
I I A B F B G H E O Y C X U Q
A T N I G P B I V O N W O S V
M Y L T T U R E V O C S I D M
```

Bowers Museum

```
W Z E C A C S O O K R G Z B A
V V P O T E P H T G S N O Z D
G S A S R Y I T Q G B I M Y A
T B C T A T R A B M M V O T D
I A I U S L I I X P O R I N N
B S F M U H T N K T A T U A S
I K I E O Q M A O I T C J O S
H E C S N M A E F D F E Q C E
X T R M E I S C P S A N B E L
E R I Q G D K O H E H O P G R
A Y M I I E S B Z U S T W N A
N W S W D Y C T V M G S W A H
I H G F N Z L F R O F M C R C
H C K M I N O E G O Y E Z O N
C T W Y J U N O Q G D G I D Z
```

Answer Key

Adventure City

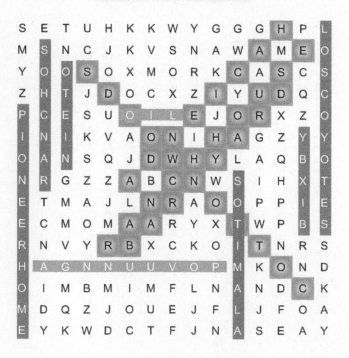

Knott's Berry Farm

Rancho Los Alamitos

Museum of Latin American Art

184

Answer Key

Aquarium of the Pacific

```
O P A C I F I C V I S I O N S
L K R E T N E C E R A C A B D
U R L N S S S B O T N M T W Q
Z A O L D L Z M M O R F S O N
K I R E B R S U E T E L L
A N I Y S N E O E C V I R C Q
Z B K Q R C T C I H A L O D N
Z O E Y E O A O L S C M F V D
P W E O T U H N L H E A P W H
P H T T T N H F E A U S L A W
A A S A O T W A J R L A E V Z
L R X I A E V W A K B N K N M
A B E Z E R Z W E S E L W C H
U O J I S S Q U S I R X N V A
H R G I A N T O C T O P U S R
```

The Queen Mary

```
I C O N I C O I E H N E D M V
P C J Y W O V R I H I F V I Y
P I I Q U E E N M A R Y M L E
D I H T V D U L C Y N E O H N
B K H S N Y R U X U L N C L X
G A O S E A P A B S G F E Y K
O L Q T P H L J N B K T A D N
Y T N P M O W T E U O N N B G
F C O B P Y O A A S C A L U M
E T Y X F D C R R S H P I Q R
O Q L W H H J T T T N B I Z G
Q J T O H I H V S Q D A E N V
F G U Z K E M F N L F E R Q O
T T M A R I T I M E X X C T J
Y H O W O R L D W A R I I O X
```

Sherman Library & Gardens

```
W T Y K P X U U J O V M Y L G
A V S T N E L U C C U S K L L
O A M O T T O R G N R E F E D
N A M R E H S H S E S O M K C
C E E R T R E P P E P Z A S P
G P F O K B I R F W T K I A B
Z G S P L E I N A I R T K H Q
L K D E J K S M Z U N K O B T
Y C E S U O H E B O D A N B B
X H S A E T N O O N R E T F A
S A R N O L D D H A S K E L L
Z C P A L M T R E E S A M F R
F N U X W M Y B Y U Z Y B S L
J N V Q A O R C H I D S R C V
S K O O B Y R O T S I H D I A
```

Laguna Art Museum

```
E B B S H D E E A A B L T F
D N M Y F G L Q X Q P C Z J N
C N F F R D N T Y H Z V T B Y
O O X N T E P I N N I K M K H
R M N K P B L W T B T B F P T
O D L T D K U L F N Q Z I A B
P A Y N E E Q M A T I X F T O
I T V D A M S S P G P A T N S
V R F O O R P E R I F Z P U I
A A H X B V T O J O K U A H D
R E X Q G O C W R J W E C T X
Q T Q V Z L P R A A K K I H O
S A M C I P Z S J L R P F V A
S T X F G G C X X K K Y I C M
K S F B C X E O N F O S C Q M
```

Answer Key

Mission San Juan Capistrano

```
J C L H R D X F B Y Z P Z H I
V F H N E M E H C A J C A M T
B L U I O Y B G S C H I L E M
E R T J N T W W A F X K H I K
L N E E J I O Y M L K Z S Y Q
L X A P O L G N N G L S R Q C
T M E C L F S C N T I O G Q A
O I K A S B I H H O A V I N F
W M W I N I O L N I F R E R B
E S W U E J C A O Y N L R K C
R I W L T O R N Q B A I C E K
T N L N Z I M H A D E G C Y S
Z D I Y E A J F G R P J M H X
B A D S F J Q A Z K F U O X K
S S F V A U M M U K Y D F N D
```

Legoland California

```
N R B Q L G F U Y C C J T S T
P L V I S T M Y Z E U X A M W
Z S K R W E A J L P K P I A E
L H E A R T L A K E U A N G I
X L I L M R T S R M D L B E T
L W I H F Y E E Y I O I Y N Z
S N K W R A W L N L O V E U U
K U T I L O P O V T W E U W I
C C A I P L V R V K V Z N O B
O F F D O A W T R Y X O N T J
L E I J L V L A P Z P M N N A
B K K L P C C P I M A E O U H
I N E E U N Z Y Q M Z X C F M
V Y A G D X O K U E T M B A Y
B C B O T S E S Z H A O W W X
```

California Songs

1. H
2. C
3. I
4. E
5. B
6. D
7. A
8. J
9. G
10. F

Green Dragon Tavern

```
S O A T Y P E F U K O R R G Q
L X U I I D S O D C L E V K E
R L T S B H U U O O E V A A S
E R O O K N O N O C E O C L S
X E G N Y C H D F N F L I D H
O S R S C O C I D A N U L E P
J T A O M L I N L H R T P J E
J A P F B O L G R N E I E Q O
Q U H L A N B F O H V O R E F
E R S I L I U A W O A N F C
U A P B L A P T D J T P O D C
C N I E R L G H L N E Q T M S
N T T R O N F E O L Y V S Q C
W T O T O Q H R S R A H O Z D
B O Q Y M N J S E A W W B M C
```

Answer Key

Salk Institute for Biological Studies

Sunny Jim Cave

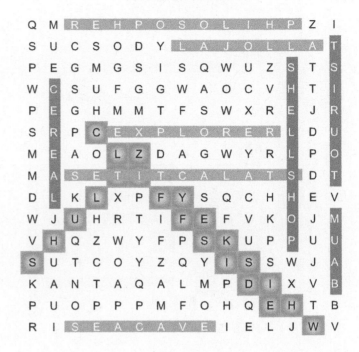

San Diego, California

Belmont Park

Answer Key

SeaWorld San Diego

```
Z L E B M S J W L V F J U H T
Z W Y L A A M W E E A L R J F
W I C C B M A N T A T V B G M
X T R J F R I C N I E R E Q N
H O M H Q G L Z V Z R L I O C
G R E N X S Q E S K E Q X Z H
R J J X E J A R Y C I Z O Y C
W E D Q Y K Y A T W Y D P A N
L U W I L D A R C T I C N R O
T C A O E G I R M A K O K A I
S Z K T C T Q K P W T K X L
H E P Z E Y T D Q G T W K X A
O R Z E Y Z K U M I L L A Y E
P L L T H G E S U B Y L Z R S
O A C N I H P L O D A W I E L
```

Old Town San Diego State Historic Park

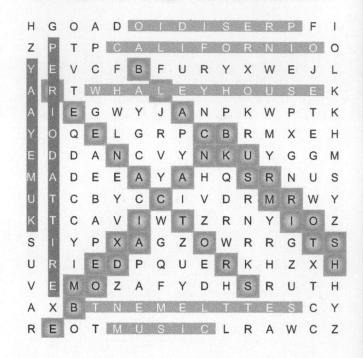

```
H G O A D O I D I S E R P F I
Z P T P C A L I F O R N I O O
Y E V C F B F U R Y X W E J L
A R T W H A L E Y H O U S E K
I E G W Y J A N P K W P T K
Y O Q E L G R P C B R M X E H
E D D A N C V Y N K U Y G G M
M A D E E A Y A H Q S R N U S
U T C B Y C C I V D R M R W Y
K T C A V I W T Z R N Y I O Z
S I Y P X A G Z O W R R G T S
U R I E D P Q U E R K H Z X H
V E M O Z A F Y D H S R U T H
A X B T N E M E L T T E S C Y
R E O T M U S I C L R A W C Z
```

Balboa Park

```
E T S V S M D T S Q O S N F L
O S N N B C N M O E K B D T S
I W E C J N A E Z R Z S J H F
V A D Q S Z C R A T E Q A O Y
S T R Q P Z O P O C Y K O C H
G A A C S U G R N U E O O Z O
T N G C H O O A O S S M B G Z
Z M R J D I M I P G I E E M Q
Y Y G Q R R T E B C A I L V E
X T L H O F A E C H D R H R H
Z U U F W R E O C N O Y D F J
W A R T E L N S A T Z L J E U
C E Y R C R H S R P U J V U N
P B X I J S B U R S E R Z E C
O L D N Q W R S U Z K N E S V
```

Chicano Park

```
Z Q H S O D A N O R O C N I O
F G J C M G Y F A S L A R U M
R E D I R W O L Z G G Q R P R
M N B Z K D O W T O K N Q Y B
G G U R U O R C L R D S O X T
S M R I O R E O A D F M K M I
U S Z B S W I P N M S U O A X
M I R O E R N X F C B R N Y C
D V L T R X L B A D F A A P
A I T A G F O C E Q V L C N G
S T B U O G T O I R Q I G L
M C L L E U T F Z I E S H U B
L A T P S G R X X K M T C Q I
P V J W C T G D C F F S I Y Z
F Z K N X B G G N Z K J G S L
```

188

Answer Key

Famous California Artists

1. Lalo Alcaraz
2. Salma Hayek
3. Anthony Quinn
4. Lalo Guerrero
5. Linda Ronstadt
6. Judith Hernández

Slab City

```
F N W O H S T N E L A T G B E
G H N T M N O I T A V L A S X
V E G N A R E H T M A T Y H S
W K U X Q F G Y R W F R P N D
E C Y C A M P D U N L A P E R
A I T J L H D G Z H Y A J D I
S A L P S M V O G W C I O R B
T D N Q K M A D H D S D W A W
J O P M F W P I H L R E J G O
E B G T M O M S Y N E M Q T N
S E S R E V E L B I B D I R S
U C C U C V A O O V B E U A D
S L G R E O O V Y O A X Q L Y
Y A D P T N J E G I L I V D L
W Y E O T T S U R M S M O L D
```

The Cabazon Dinosaurs

```
L D E E B I B N N J N P M K I
A X E R R M G J K Z P A Z C K
P Z D Y T N E V E S K G L Z E
A J A I O P P R W N P A G P P
T U A D N F H U D O U C E R U
O R W O Z N T E P D B F E V A
R A U H N S Y C E L L H W W B
A S B B B N U K V O I F E P Q
U S J C Z L B P S S E J E U H
R I C R T E B Q T U Z R P G X
U C T U L T P O O T O H P Q G
S D R L B L R Y Z T C S B C S
T E Y J P I D E G R U H T J I
M K L X C M X L X K E H L S E
K Q T D I M E S A D Q G U P J
```

The Desert Christ Park

```
O I N H R F T D E S Q J B D R
S V O F P O D A K I J G F E J
Y U C C A V A L L E Y N T Y F
B J U I A W U B S F U S B X S
R H Y Q M I M U Z I A E C P B
E Y S V P F S H M E E T I H W
P W K F H A X N I Z Q R L B F
P C O D I Z N S I H I U S Q F
U H T J T V L H C T F L H E P
S O P R H N O B U E R L X X Q
T Z W X E F N A C H D A H P B
S C Q N A L L A E M T D M A A
A W M S T R E V R A G W C R M
L E C A E P D L R O W O A K W
P H E Z R Q K W S D N N P D R
```

189

Answer Key

The Integratron

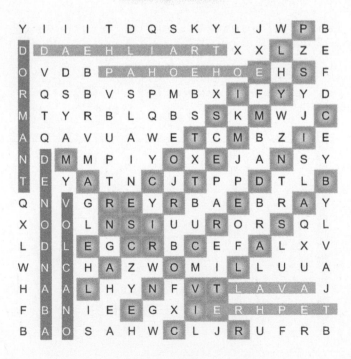

```
W W E I J P G H R P S I B R G
F I A R H T A B D N U O S V I
C M J K Y G O L O F U V T C V
E J A W H E H I C I Y W W D B
M E U G I U T A V T B K K N I
B M R P N A Y A R L F G A S Y
P I M T R E N F Y M Z R R D G
S U M B A T T X I Z O T L O R
O D I N A U N O G A S N S G E
W V D S T C H G M Y H D I A N
Q I S B D S W S A E L O S C E
M E D I T A T I O N T M T N S
L N Y Z B F F G T J I E E Q X
F U G T W E L L N E S S R Q A
K R A X V X D C N V G X S Y E
```

El Garces Hotel

```
L V D S A N T A F E R R V Q H
S U R E S T O R E D R K M H A
E W E H X V K Y W P G T E H R
N G E L P M E T K E E R G M V
B Y G R E F Q D M Q G A C D E
S R A A U W R I Y F R Q J Z Y
Q A U S N T E A N R X V P H G
J N Q A Q D C J N E Y I A T I
I O N B E C D E N C E C K K R
B I P P V K E A T W I D N L L
Z S I L F A A U R I O S L J S
T S E D A C A F R T H R C E O
S I E C N A G E L E B C C O S
B M N E Y Z Y Q B X T I R X J
W Z M V J H V V X T T Y S A S
```

Amboy Crater

```
Y I I I T D Q S K Y L J W P B
D D A E H L I A R T X X L Z E
O V D B P A H O E H O E H S F
R Q S B V S P M B X I F Y Y D
M T Y R B L Q B S S K M W J C
A Q A V U A W E T C M B Z I E
N D M M P I Y O X E J A N S Y
T E Y A T N C J T P P D T L B
Q N V G R E Y R B A E B R A Y
X O O L N S I U U R O R S Q L
L D L E G C R B C E F A L X V
W N C H A Z W O M I L L U U A
H A A L H Y N F V T L A V A J
F B N I E E G X I E R H P E T
B A O S A H W C L J R U F R B
```

Roy's Motel & Cafe

```
L E O D A E H W O R R A U Y Z
V N W O T M O O B H W G A U Z
W T J L Z J U G A U E T K K U
Q R S R F K U S O W M E C N R
O E U V F Q N K I G K Y N E A
A S N L S W T G J C G R I K L
T E S T W P Q P I O V I S C B
O D E T C O X N U S V I E P E
L E T G V Y R H O T N S D D R
B V S N K O U C C D P O S E T
U A Q U Q B C Y Y Q D G E Y O
R J F I L M S H O O T S G N K
R O V M R A Z J R K R V I Q U
I M P C C C T F I T S L Z S R
S J P E B C R Z Q O Z A T G A
```

Answer Key

California Route 66 Museum

```
U R U L O V E B U S L X Y G B
Y I V N O E L L I V A L U H U
A S L I G G P R U Z P Z A Z K
W Y T V C V M L E K R M R A S
H N T D J T B O N E E E I P T
G V L J Z J O Q D R E L Z N N
I Q E W Z H J R I B I S J T E
H W D I O C O C V B T D A J C
B N O G O O A A A I D X B B O
E W M K S N H R B F L H O G D
W K O T A I O I L S C L O P P
O D E V A M H C W Q J L E F R
F R B I E X C W H I T R C R C
V S O M E E Q C H K B T N J G
H A R D W A R E C U L T U R E
```

Bagdad Cafe

```
N T V P O T S T I P B Z S U E
C U H O S P I T A L I T Y K Z
V R M K N I D Y H D N J N C M
F R M P Q E E Q O M C F O J N
I I A M E V W O U X K U V V O
N A S D B S I B I I G G E C L
D O T H Q Z N B E C R M L P D
I Z Z N B Q D D L R R K T X A
E F S J D U E L A N R A Y F Y
F O S D I M R E Y N V Y S J C
I C Q X V G Z G S K R L H G G
L V A G E B G H E T O M O F E
M Z F U B K N H M R S O P O P
Q I R H A B X K T K W U K U D
E V Z S R S O D K O M M M I R
```

Route 66 Mother Road Museum

```
U K Y O S K K Q R F W D I G D
Y A U D E H G L L A B N I P N
S R K S E U P H J X Z Y B R O
C T D N F S C A J J S M F G P
B M Q B N G E R R O E E T U H
R A A T P P R R W G O V Y A S
E V N E E W Q X T G O S N V I
E S U O H Y E V R A H T S Q F
S Y F B A R S T O W F C O T A
X S E S S E N I S U B A O H Z
Y X R Y M B K Z O C M F J D P
V A H V R C S J C G B I N Y Y
P C G R A P E V I N E T A N I
R O O O W A Y A N B C R S M B
M S S N K F F S V E U A A K R
```

Calico Ghost Town

```
K K I P P Y O V K Q P S T Y R
X E N J N P T N N U Y S U E H
N A T A D A O S O N L I B N C
Y X W I H C R R T D N U D D B
S T V T N D J R T W I Z Z G E
T N H V Q A E N O L K D I N F
L G O H N V M T T W A N L I A
M U E I L W M E G Y G H P N Q
B N Z I T O O H L E E A J I R
O F S E O C J T R O V P U M P
O I T B N M A B T H C V S G R
C G H O R D R R Q S U N P T E
B H J D D E A V T S O D T B I
A T P H A X R N I T F H A Z Z
M S G D D X G M X X A U G R X
```

Answer Key

Calico Sign

Just for Fun!

Zzyzx Road & Mineral Springs

```
Q G T F W N H R G L J P Y D I
N Y R S T T U E N D A E J Q C
N A O T Z F R G J T Q A S F H
X D S W E L L N E S S L V I E
S E E W Z D M I E V A J O M M
T S R L Y F I R S D O B Z H E
R E S G N I R P S A D O S B H
G R Z K F S A S A Q Y K R X U
N T K W K C C S C B A K E R E
I S S A Q F L I U F H V T M V
D T M B Y A E T B T Y W S A I
R U V A I S C R Z Q Q V K W C
I D E Q H B U U X T Y F C L J
B Y P Q P R R C E S S Z U E T
M Q W R H A E X M O P C H Q C
```